춤, 말하다

박민경 춤에세이

춤, 말하다

지은이 / 박민경
펴낸이 / 조은경
편　집 / 이부섭
디자인 / 박민희
펴낸곳 / 늘봄

등록번호 / 제1-2070 1996년 8월 8일
주소 / 서울시 종로구 동숭동 19-2
전화 / 02)743-7784
팩스 / 02)743-7078

초판발행 2013년 3월 2일

ISBN 978-89-6555-019-8 03680

※ 값은 표지에 있습니다.

춤, 말하다

박민경 춤에세이

늘봄

어찌 춤추는 이(dancer)와

춤(dance)을 가를 수 있겠는가?

— W. B. 예이츠

일러두기

- 이 책은 2007년부터 2010년까지 월간지와 사보 등 여러 매체에 발표한 글을 수정 및 보완해서 엮은 것입니다.
- 무용 작품명은《 》, 그 외 영화 · 문학 · 음악 등의 작품명은〈 〉, 신문이나 잡지는「 」, 서적은『 』로 표기했습니다.

책머리에

여러 지면에 발표한 글들을 한 권의 책에 모았습니다. 모두 '춤'에 관한 것이지요. 특별한 주제가 있었던 것은 아니고, 그때그때 청탁과 연재를 위해 자유롭게 쓰곤 했는데…. 어찌되었건 항상 제게 주어진 임무(!)는 "춤을 말한다"는 것이었습니다.

춤을 말한다고요? 아, 물론 "춤에 대해" 말하는 것이었지요. 춤에 대해 말한다는 것은 결국 춤이 말하는 것을 들려준다는 뜻이니까요. 서울에서 춤공연은 지난 10여 년 사이 훨씬 더 대중적이 되었습니다. 이 책은 극히 일부분에 지나지 않습니다. 우리는 더 많이 춤을 이야기하고 싶고 또 할 수 있어야 하며 해야 할 때입니다.

그래서 우리시대의 춤이야기가 더 많이 모아지기 바라는 마음으로 책을 엮었습니다. 하지만 얼마 못 가서 후회했어요. 수정을 최소한으로 하는 데도 이런저런 이유로 일이 꽤 불어났기 때문입니다. 얼마동안 포기를 했다가 다시 작업해서 마무리했습니다. 아쉬운 점도 있지만 이것이 끝은 아니니까요.

오늘도 춤을 말합니다. 춤이란 이 시대를 살아가는 우리들의 모습이자 생생한 이야기이기 때문입니다.

차례

I

춤, 기억하다

Ⅱ

춤, 읽다

Ⅲ

춤, 즐기다

Ⅳ

춤, 느끼다

I

춤, 기억하다

"나는 인간이 어떻게 움직이는가보다

무엇이 인간을 움직이게 하느냐에 더 관심 있다."

— 피나 바우쉬

피나 바우쉬와 부퍼탈탄츠테아터의 《숨》

피나가
말을 걸다

당신의 작품은 여행을 보여주는군요.
피나가 대답한다. "인생이란 여행이니까요, 아닌가요?"
우리 시대 최고의 무용가 — 하지만 누구도 그에게
'완벽한' 작품을 원하지 않았다.
피나는 인간의 세계를 방랑하는 예술가다.

어느 날 오전, 기자회견장에서 피나 바우쉬를 처음 보았을 때다. 어젯밤 늦게 서울에 도착했다며 그가 나지막하게 말문을 열었다.

장시간 비행 탓인지 다소 피곤해 보였지만, 예순을 넘긴 그 여인은 (트레이드마크인) 검은색 의상 속에서 차분하고 온화한 모습이었다. 단순히 그 외모에 시선을 뺏긴 것인지, 아니면 다른 무엇에 마음을 뺏긴 것인지, 한동안 넋 놓고 그를 바라보았다.

피나에게서는 빛이 났다. 온 세상을 환히 비출 것 같은 빛. 그것은 신념과 철학이 확고한 예술가, 그 혼자만의 정신에서 우러나오는 빛이 아니었다. 이 시대를 살면서 그의 춤을 접한 모든 예술가와 관객들로부터 받은 존경과 사랑이 어우러진 빛이었다.

피나 바우쉬의 무용단이 미국의 무용잡지 「댄스매거진」의 표지를 장식한 적이 있다. 그때 타이틀이 'Finding Light in Darkness.' 춤으로 (세상이라는) 어둠 속에 (희망의) 빛을 던져준다는 의미였다.

이렇듯 피나는 그동안 '희망'과 '긍정'의 평가를 받아왔다. 실제 무대에서 펼쳐지는 작품은 성과 욕망, 불안과 공포, 상실과 고독, 슬픔과 고뇌, 폭력과 파괴 등 인간과 세상의 어두운 면을 제시하는데도, 관객은 그 속에서 밝고 희망적인 메시지를 읽어낸다.

* * * * * *

피나 바우쉬는 1940년 7월 27일 독일의 소도시 졸링엔에서 태어났다. 열다섯 살, 독일 무용의 거장인 쿠르트 요스가 이끌고 있는 폴크방학교에 입학했는데, 그곳에서 음악, 연기, 마임, 춤뿐만 아니라 회화, 조소, 디자인, 사진 등 다양한 예술훈련을 받았다.

졸업 후 국비장학생으로 뉴욕에 가서 학업과 공연을 병행했고, 귀국해서는 요스의 폴크방발레단에서 주역무용수로 활동했다. 1969년 쾰른안무대회에서 작품 《시간의 바람 속에서》로 1등을 차지하며 안무가로서도 두각을 드러냈다.

서른세 살이 되던 해, 그는 부퍼탈시립극장 발레단의 예술감독으로 부임하고, 무용단 이름을 '부퍼탈탄츠테아터'로 바꾸었다. 일개 지방 소도시 무용단에 불과했던 부퍼탈탄츠테아터는 피나가 가세하면서 2년 만에 독일 춤을 이끌어가는 정상급 단체로 성장했고, 1970년대 말에는 세계적인 무용단으로 우뚝 섰다.

피나 바우쉬는 우리에게 '탄츠테아터의 기수'로 알려져 있다. 탄츠테아터(Tanztheater), 단어로만 보면 '춤(Tanz)'과 '극(Theater)'의 합성어. 춤과 극의 결합이라, 무용극인가? 하지만 산소와 수소가 결합해 새로운 성분인 물이 만들어지듯, 춤과 극의 요소들이 섞여 새로운 장르가 탄생했다.

탄츠테아터는 춤, 대사, 노래, 멜로디, 전통적인 연극, 소품, 장치, 의상 등이 혼합된 형태로 '숙련된 댄서'들이 공연한다. 플롯이나 특정한 캐릭터, 일관된 의미가 없다. 어떤 상황이나 소품, 의상을 중심으로 간단한 대화와 행동의 에피소드, 그리고 음악과 이미지가 무관하게 조합되어 그 자체로 관객의 감성 앞에 드러난다. 관객은 각자 생각의 사슬을 따라가거나 작품이 표현하는 것을 심사숙고하도록 자극받는다.

오늘날에는 이러한 형식이 보편적이라 그저 '태어났을 때부터 이미 있었던 것'으로 대수롭지 않을 수 있다. 하지만 피나 바우쉬의 탄츠테아터는 1970~80년대 '전통양식의 혁신'으로 독일 사회에 파장을 일으켰고, 그만큼 거부반응도 거셌다. 특히 인간 내면의 어두운 부분을 집요하게 파헤치는 작업방식 때문에 무용수들이 격렬하게 항의했다.

그때부터 피나는 무용수에게 '말을 걸어' 작품에 반영시켰고, 또한 꾸준히 관객을 설득해 나갔다. 사람들은 차츰 새로운 춤에 적응했다. 그렇게 — 피나 바우쉬는 그 자신이 춤의 한 카테고리가 되었다.

피나는 1975년 말, 작품 《봄의 제전》으로 자신의 존재를 뚜렷하게 각인시켰고, 끊임없는 열정으로 수많은 작품을 선보였다. 보통 《봄의 제전》과 함께 패키지로 공연되는 《카페 뮐러》(1978) 역시 무용단의 대표 레퍼토리인데, 페드로 알모도바르 감독의 영화 〈그녀에게〉 도입부에 등장해 유명하다.

《카페 뮐러》는 피나 자신이 춤추었던 몇 안 되는 작품이기도 한데, 여자의 처연한 춤이 보여주는 고독감이 심장을 파고든다. 소외, 보호받고 싶은 욕구, 관계맺기의 불가능 등 인간의 디스커뮤니케이션을 다룬 이 작품은 그렇게 감춰진 우리의 외로움을 끄집어낸다. 피나 작품의 테마는 언제나 '인간' 그리고 인간들 사이의 '커뮤니케이션'이다. 그는 춤을 통해 이 시대를 사는 우리의 모습에 몰두한다.

* * * * * *

그런 피나가 1986년부터 여행담을 들려주었다. 이러한 시도는 예술인생의 새로운 여정이었다. 세계 각국에 장기 체류하면서 그곳에서 받은 영감을 바탕으로 작품을 제작했는데, 그 첫 작품은 1986년 로마의 인상을 담은 《빅토르》.

이어 이탈리아 시칠리아섬 팔레르모의 《팔레르모 팔레르모》(1989), 스페인 마드리드의 《무도회의 밤》(1991), 오스트리아 빈의 《비극》(1994), 미국 캘리포니아의 《오직 당신뿐》(1996), 홍콩의 《유리창닦이》(1997), 포르투갈 리스본의 《마주르카 포고》(1998), 이탈리아 로마의 《오, 디도》(1999), 헝가리 부다페스트의 《초원》(2000), 브라질 상파울루의 《물》(2001), 터키 이스탄불의 《숨》(2003), 일본 사이타마의 《천지》(2004), 한국 서울의 《러프 컷》(2005), 인도의 《밤부 블루스》(2007) 등 총 14편을 선보였다.

피나는 수필가가 여행기를 쓰듯 작품을 만들었다. 관광객이 그곳의 인상을 풀어놓는 것도 아니고 매력적인 관광책자의 이야기도 아니다. 여기서는 그 나라가, 그 도시가 실제 어떻든 간에 피나의 시각이 중요하다.

작품들은 그가 호기심 많은 여행가이며 여행지 주변에서 실제로 보고 매혹된 것들을 자신의 고유한 예술적 감성으로 걸러내고 있음을 보여준다. 실제로 폭력을 봤을지라도 그건 폭력으로 무대화되지 않고, 그 거리의 아픔을 봤을지라도 그건 아프고 가련한 것으로 무대화되지 않는다.

물론 그러한 이유로 피나가 그린 도시가 그 나라의 모습이 아니라고 항의할 수 있다. 하지만 눈에 보이는 그 도시의 실제 모습이 중요한 건 아니지 않은가. 그걸 알고 싶으면 직접 가보면 되니까. 오히려 한 예술가의 감성과 지성의 작업을 보는 것, 그것이 우리가 예술을 대하는 태도임을 새삼 느끼게 해준다.

* * * * * *

LG아트센터는 2000년부터 《카네이션》, 《마주르카 포고》 등 꾸준히 피나 바우쉬의 작품을 소개해 왔고, 2005년에는 한국을 소재로 한 작품 《러프 컷》이 탄생하는 데 기여했다.

2008년 내한공연한 작품 《숨》은 피나가 2002년 여름 터키의 이스탄불에서 30여명의 무용수들과 함께 3주간 체류했던 경험을 바탕으로 제작되었다. 터키의 종교적이거나 정치적인 긴장감보다는 문화와 사람들로부터 받은 친근하고 편안한 인상들을 담아냈다.

특히 이라크전쟁으로 인해 불안했던 사회. 피나는 차분하게 말했다. "《숨》은 평온하면서도 움직임에 좀 더 집중하고 있어요. 평온함이야말로 지금 같은 시기에 필요한 것이니까요."

이처럼, 《숨》은 안정을 상징하는 '물'과 '여성'의 모티프가 지배적이다. 메마르지 않은 촉촉함 속 여성댄서들의 순수하고 유려한 움직임을 통해, 한 번의 '숨쉬기(호흡)'가 삶에 불어넣어줄 희망을 이야기해준다.

작품 《숨》은 특히 남성과 여성의 관계라는 영원한 테마를 춤춘다. 열망과 동경, 거절과 실망 등의 이야기가 밝고 느긋한 분위기 속에서 펼쳐진다.

* * * * * *

피나 바우쉬에게서는 늘 여유로움이 뿜어져 나왔다. 그에게 예술은 자신의 인생 전부다. 바로 그 예술이 아주 탄탄한 것이다. 그는 유랑객처럼 세계를 떠도는 것 같지만, 그에게는 부퍼탈이라는 확고한 보금자리가 있다. 피나의 여유와 자신감은 거기서 나오는 것 같다. 자신의 예술을 받치고 있는 둥지가 확실한 무용가의 포스란 그런 것. 어쩌면 그 사실은 우리 같은 보통사람에게도 해당되는 것일지도….*

*부퍼탈탄츠테아터(Tanztheater Wuppertal)의 《숨(Nefés)》은 2008년 3월 13~16일 LG아트센터에서 공연되었다. 안무자 피나 바우쉬(Pina Bausch)는 2009년 6월 30일 독일 부퍼탈에서 암으로 사망했다. 또한 부퍼탈탄츠테아터는 《까페 뮐러》와 《봄의 제전》을 2010년 3월 18~21일 LG아트센터에서 공연하였다.

매튜 본과 아담 쿠퍼의《백조의 호수》

남성,
서정미를 탐하다

우리는 두 남자가 육체적으로 어디까지 가느냐를 두고
정말 오랫동안 고민했습니다.
육체관계의 절정은 백조가 날개로 왕자를 감싸고 그를 어르는 것인데,
꽤 감동적입니다. 왕자가 필요로 하는 것은 바로 애정이었으니까요.
관객도, 왕자의 입장이 되고 싶다는 욕구를 느끼는 것이 중요했습니다.

두 남자의 동성애를 다룬, 이안 감독의 미국 영화 〈브로크백 마운틴〉이 우리나라에 개봉되어 이슈가 된 적이 있다. 그 전에 이준익 감독의 영화 〈왕의 남자〉에도 동성애 코드가 있다 하여 화제였다. 또한 〈커피 프린스 1호점〉이라는 인기 TV 드라마에서 남자가 남자(실은 남자로 행세한 여자)를 사랑하면서 방황하고 고민하는 모습(남남커플의 로맨스)이 관심사였다.

이 모두 꽤 인기가 있었는데, 이러한 대중문화의 상업적 성공을 두고 달라진 남녀의 권력관계가 숨어 있다든지, 남성들을 성적 소비의 대상으로 삼는다든지 하는 식의 해석은 일단 접어두자.

영화나 드라마나 광고 등 대중매체 속 동성애 묘사가 점점 과감해지고 시청자나 관객들도 점점 관대해지고 있는 것 같지만, 여전히 동성애에 대한 비호감이 사회의 전반적인 분위기다. 노골적으로 혐오하기도 한다.

한 조사에 의하면, 드라마 · 영화의 동성애 소재에 대한 선호도는 남성보다 여성에게서 높고, 특히 젊은 여성(20대)일수록 거부감이 적다고 한다. 알렉 커시시언 감독의 영화 〈러브 & 트러블〉에서는 미혼 여성이 자신의 룸메이트로 동성인 여성보다 이성이지만 게이인 남성을 더 선호한다는 요즘의 경향을 드러내기도 했다.

솔직히 '게이'라는 단어는 내게 아직도 낯설다. 영화나 방송이나 책 등에서나 접하지, 실생활에서는 본 적도 만난 적도 없으니. 그런데 이 동성애 코드가 어느 날부터 아주 가까운 곳에 있는데, 바로 춤이다.

* * * * * *

2007년 매튜 본의 《백조의 호수》 내한공연은 2003년과 2005년에 이어 세 번째인데, 같은 작품이 세 번이나 내한해 2주 넘게 장기공연한 것은 우리 춤공연계에서 유일한 일이 아닌가 싶다. 혹자는 매튜 본의 《백조의 호수》 관객이 대부분 젊은 여성들이라며 그들의 유별난 소란스러움이 못마땅하다는 듯 불평했지만, 내심 여성들이 그렇게 자신의 감정을 공개적으로 드러낼 수 있다는 것을 부러워하는 듯했다.

우리가 알고 있는 클래식발레 《백조의 호수》는 1895년 러시아에서 제작된, 차이코프스키 음악에 마리우스 프티파와 레프 이바노프가 안무한 작품. 마법사 로트바르트, 백조 오데트와 흑조 오딜, 지그프리트 왕자 등이 등장한다. 마법에 걸려 낮에는 백조, 밤에는 사람으로 변하는 오데트 공주 — 왕자의 영원한 사랑만이 마법에서 풀려나게 할 수 있지만, 왕자는 그만 마법사의 딸 오딜의 유혹에 넘어가 사랑의 맹세를 지키지 못한다는 이야기다. 음악과 더불어 특히 군무를 이루는 백조 발레리나들의 서정적 아름다움이 감동 그 자체로, 시공을 초월해 사랑받고 있는 최고 인기 발레작품이다.

그로부터 100년 후인 1995년 영국에서 매튜 본이 왕자와 어머니(왕비), 왕자의 여자친구와 백조 등이 등장하는 《백조의 호수》를 만들었다. 영국 왕실을 배경으로, 왕비의 애정과 보호를 충분히 받지 못한 왕자가 아름다운 백조를 사랑하는 내용이다. (파격적으로 백조 역을 여성이 아닌 남성들이 맡았다.)

* * * * * *

매튜 본은 1960년 영국 런던에서 태어났다. 유년기와 청소년기에 뮤지컬과 영화를 무척 좋아했고(다섯 살, 극장에서 처음 본 영화가 〈사운드 오브 뮤직〉이다), 고등학교 졸업 후 극장에서 안내원 일을 하기도 했다. 어느 날 동료에게서 라반센터라는 무용교육기관을 알게 되어 입학시험을 치르고 합격했다. 순전히 독학으로 연극, 영화, 뮤지컬, 춤을 깨우쳤던 그가 스물두 살이 되어 처음으로 무용교습을 받게 된 것이다.

다방면으로 관심이 많고 재능도 있었던 매튜는 졸업 후 1987년 친구들과 'AMP'(Adventures in Motion Pictures)라는 이름의 무용단을 만들었다. 《스핏파이어》(1988)의 성공으로 주목받기 시작했고, 《호두까기인형!》(1992), 《하이랜드 플링》(1994), 《백조의 호수》(1995), 《신데렐라》(1997), 《카 맨》(2000), 《마이 페어 레이디》(2001), 《무언극》(2002), 《메리 포핀스》(2004), 《가위손》(2005) 등 매년 흥미로운 작품을 내놓았다.

매튜는 발레뿐만 아니라 영화, 뮤지컬, 팝음악, 연극 등 장르를 가리지 않고 기존 작품들을 차용하거나 패러디한다. 그의 작품은 현대 대중문화 사회에 딱 들어맞는 흥행코드를 갖추고 있어, 발레의 대중화 혹은 상업화를 이끌어냈다. 특히 뮤지컬영화에 영향을 많이 받은 그는 연극이나 영화를 좋아해 서술적인 춤작품을 만든다. 내가 그를 좋아하는 이유는 바로 그 서술성에 있다. 매튜는 뭔가 아주 재미있는 이야기를 만들어내는 재주가 탁월하다. 그의 이야기에 매번 유혹당하고, 매번 호기심 가득 새로운 이야기를 기다리게 된다. 그는 이 시대의 언어인 춤으로 대중을 매혹시킬 수 있는 진정한 이야기꾼일지 모른다.

＊＊＊＊＊＊

《백조의 호수》는 1995년 11월 9일 런던 새들러스 웰즈 극장에서 초연한 당시부터 센세이션을 일으켰다. 제작 전반에 대한 흥미진진한 이야기가 앨러스테어 맥컬리가 펴낸 『매튜 본과 그의 날개 AMP』(이동우 옮김, 어드북스, 2005)에 상세하게 실려 있다.

"처음부터 성적인 (이슈를 지닌) 드라마에 흥미를 두었을 겁니다. 작품이 너무 크고 (재정적으로) 거의 도박이었기 때문에 발표할 때는 별로 강조하지 않았습니다. 확실히 처음에는 사람들이 '그런 측면을 강조하지 말라'고 했습니다. 많은 투자자들이 '동성애 백조의 호수'라 이름 붙을까 염려했었지요. 그렇지만 애당초 성적인 드라마가 중요한 요인으로 시작된 작품입니다."

이 작품이 처음 한국에 소개되었을 때도 '남성 백조'를 타이틀로 내걸었지만, 단순히 백조를 여자가 아닌 남자 무용수가 춤춘다고 하는 사실 자체는 진부하고 코믹한 소재에 불과했을 것이다. 문제는 백조가 남성이라는 점이 아니라, 여전히 백조를 사랑하는 '왕자(남자)'가 등장한다는 점이다. 그리고 왕자는 극의 중심이다. 즉, 동성애와 왕실문제가 이 작품이 다루고 있는 두 가지 이슈였다.

안무자 매튜 본은 처음에 영국 언론이 하나같이 남성 백조에 대해서만 떠들고, 정작 영국 왕실을 둘러싼 스캔들은 이슈화되지 못한 점에 불만이었다. 오이디푸스적 모자간의 갈등이라든지(부모 자식 간이 냉랭하다는 것이 왕실의 특성이란다) 왕자의 여자친구 등이 그 점을 풍자하고 있는데도 말이다. (왕실문제는 남의 나라 이야기라 우리에겐 더욱 더 관심 밖이지만 영국 사회에서 왕실은 늘 화젯거리다.)

물론 매튜는 성적인 갈망이 반드시 동성애만은 아니라는 점을 분명히 했다.

"처음에 제가 보여주려던 것은 백조의 야성이었습니다. 남성성을 없애지 않으면서도 남성을 좀 더 서정적으로 그리고 싶었습니다. 그때는 유럽 곳곳에 폭력적인 남성무용이 많았습니다. 저는 그런 것에 반대했습니다. 남자들이 아름답기를 바랐지요. 새로운 형태의 남성의 서정성을 보여주는 것, 그것을 우선 염두에 두었지요."

그렇다, 누가 뭐래도 이 작품의 쾌거는 역시 백조 캐스팅이라고 할 수 있으리라. 아담 쿠퍼는 그 역할에 완벽했다. 영국 로열발레단 수석무용수였던 아담은 전형적인 남성적 매력을 가지고 있는 댄서다. 무엇보다 가장 중요한 것은 백조의 날개에 해당하는 '팔의 움직임'인데, 매튜가 생각할 때 아담이 제격이라고 판단한 것이다.

이렇게 해서 남성 백조가 탄생했지만, 엄밀히 말해 그건 아담 쿠퍼라는 무용수가 창조해낸 백조였다. 무용수는 안무가에게 수많은 영감과 자극과 동기를 부여하는 존재. 어떤 아이디어를 춤으로 구체화시켜 나가면서 무용수들의 몸과 움직임에서 받는 영향이 크다고 할 때, 아담 쿠퍼가 없었더라면 매튜 본의 《백조의 호수》는 지금과 다른 모습일지도…. (발레리노가 꿈인 소년의 성장이야기를 다룬, 스티븐 달드리 감독의 영국 영화 〈빌리 엘리어트〉 엔딩장면에서 백조가 날아오르는 모습을 아주 잠깐 볼 수 있는데, 그가 바로 아담 쿠퍼다.)

지금도 백조 캐스팅은 흥행을 좌지우지하는 최대 관심사고, 매력적인 남성무용수들이 백조의 계보를 잇고 있다.

* * * * * *

이 작품이 우리나라에서 초연되었을 때도 그렇고 지금도 마찬가지지만, 나는 동성애나 게이에 대해 별다른 이해가 없다. 그리고 그것은 전혀 중요하지도 않다. 다만, 많은 관객들이 그랬듯 나 역시 매튜가 보여주려 했던 그 '아름다움'에 감동했을 뿐이다.

"저는 아름다움에 대한 동경이 있습니다. 여러 면에서 아름다움이나 성적 매력에 의한 충격의 순간이 있습니다. 아름다움을 인식하는 순간 성적 욕망을 느끼게 되지요. 백조가 처음 등장하는 순간에 그러한 충격을 느낄 수 있었으면 좋겠습니다."

《백조의 호수》가 지금까지 감동을 주고 최정상에 있는 발레작품인 이유는 백조의 날갯짓, 바로 무용수의 움직임이 주는 감성적 매력에 있다. 백조가 서서히 날갯짓을 할 때나 힘차게 뛰어오를 때, 아니 가만히 움직이지 않고 있을 때조차도 그 아름다움에 매료된다면, 혹은 백조를 보는 그 순간 숨이 멎는다면 — 더 바랄 게 없을 테니. 백조가 남성인지 여성인지가 정녕 중요하단 말인가? *

*매튜 본(Matthew Bourne) 안무의 《백조의 호수(Swan Lake)》는 2007년 7월 4~22일 LG아트센터에서 공연되었다.

윌리엄 포사이드의《가운데, 약간 위》

그것이 '포사이드 스타일'

"오, 단풍!" 탄성이 절로 터져 나온다. 늦가을의 정취라는 것이
어째서 이토록 짧은지, 미처 맛보지 못한 이들이 많을 것 같다.
12월이면 각종 송년 공연이 기다리고 있어 들뜨고 흥분되기도 하지만,
연말이란 지난 1년을 뒤돌아보게 하는 시간.
문뜩 인상 깊었던 윌리엄 포사이드의 작품이 생각난다.

'클래식발레를 해체함으로써 발레를 21세기로 쏘아올린 안무가' 라는 타이틀의 소유자 — 윌리엄 포사이드.

1949년 12월 30일 미국 뉴욕에서 태어난 포사이드는 몸을 중요시하고 춤을 즐기는 시대의 문화 속에서 성장했다. 학창시절에는 뮤지컬 작업에도 참여했다(미국에서 브로드웨이의 영향은 당연한 것). 대학에서 인문학과 연극을 공부하면서 모던댄스와 발레를 배우기 시작했는데, 당시 발레교사는 공간과 시간 사이의 복잡다단한 연관성을 가르쳐 주었다고 한다. 그는 발레를 배우면서 무언가를 끊임없이 갈구하는 것이 얼마나 중요한지를 깨달았다.

이후 뉴욕에 있는 조프리발레학교를 거쳐 조프리발레단에서 본격적으로 무용수 생활을 시작했다. 1973년에는 독일 슈투트가르트 발레단으로 옮기게 되는데, 무용수로 입단했지만 곧바로 안무작업을 할 수 있었다. 그곳에서 만든 작품은 20여 편.

특히 1979년 에드워드 본드의 대본 〈오르페우스〉를 가지고 안무한 작품으로 주목받게 된다. 그리스신화를 컨템포러리와 표현적 성향의 미학으로 그려냈다는 평가를 받은 이 작품은 관객들이 전혀 흥미로워하지 않아서 논란을 불러일으켰고, 동시에 자기정체성이 있는 안무가에 목말라하는 세계 여러 무용단의 주목을 받았다. 그렇게 해서 포사이드는 외부 무용단으로부터 작품을 의뢰받기 시작했다.

1983년 프랑크푸르트발레단을 위해 안무한 것을 계기로 이듬해 예술감독으로 초빙되었다. 포사이드는 취임 후 3년 만에 이 단체를 세계에서 으뜸가는 무용단으로 키워 높은 평가를 받았다. 여기서 만들어낸 작품들은 그 이후 컨템포러리댄스에 하나의 모델이 되어 세계의 여러 안무가들이 흉내내거나 응용하기 시작했다. '포사이드 스타일'은 세계 춤을 이끌어가는 선구적인 입장에 서게 된 것이다.

하지만 가장 충격적인 일은 그의 해임사건이었다. 2002년, 프랑크푸르트시가 포사이드를 해임하고 이 단체를 클래식발레를 공연하는 발레단으로 변경한다고 발표한 것이다. 이유는 클래식발레를 보고 싶다는 관객의 불만과 극장의 재정난. 이 소식은 인터넷을 통해 퍼져 나가 세계적인 이슈가 되었다. 전 세계 팬들의 항의메일 덕분에 해임되지는 않았지만, 재정난을 이유로 시의 지원은 끊겼다. 결국 그는 2004년 7월 파리공연을 마지막으로 8월 말 예술감독을 사임하고, 현재 개인활동 중이다.

* * * * * *

포사이드의 작품은 클래식발레를 좋아하는 사람들에게 부정적일 수 있다. 또 일반인들에게 '현대춤은 어렵다'는 인식을 더 확고히 할지도 모른다. 비평가들마저 그의 작품을 해석하기 어렵다고 말하기도 한다. 그의 춤은 과학, 수학, 건축 등을 바탕으로 하며 철학적인 인식을 필요로 하기 때문이다.

어떤 비평가들은 포사이드가 의미심장한 부정, 즉 발레의 전통에 대한 사회구조적 부정, 이데올로기 부정, 서사적 춤의 구조에 대한 부정 등으로 문제를 쟁점화하고 있다고 비난한다. 또 원인과 결과가 없이 오로지 표현형식의 파괴와 붕괴를 통한 재구성만이 존재한다며 그 가치를 깎아내리고 있다.

하지만 끊임없이 새로운 움직임을 탐구하는 열정은 우리 몸의 잠재력에 대한 그의 신념에서 나온다. "나는 발레를 해체한 것이 아니라 그 메커니즘을 검증하고 있습니다. 발레의 외면적인 흐름으로부터 떠오르는 움직임을 찾습니다."

그는 움직임을 해체하고 재구성하는 실험을 계속하고 있다. 이처럼 포사이드를 이해하기 어려운 점 중 하나는 발레의 동작이나 신체의 구조 등에 대해 정확히 알고 있어야만 하기 때문이다. 이 모든 것의 중심은 '몸'인데, 이 또한 시간과 공간 및 움직임(=운동)의 이론에 대한 지식이 있어야만 이해할 수 있다. 그러니 해체주의 혹은 탈구조주의 같은 이론은 잊어버리는 게 좋다. 그냥 보자. 그 안에

'무언가'가 있다.

* * * * * *

포사이드의 철학, 즉 그의 안무미학은 《가운데, 약간 위》에서 엿볼 수 있다. 파리오페라발레단의 위촉으로 1987년 5월 30일 파리오페라극장에서 초연한 이 작품은 실비 길렘과 마뉴엘 레그리 등이 출연했었다. 포사이드는 이 작품을 이듬해 프랑크푸르트발레단이 공연한 《차르를 감동시키기》라는 3막짜리 문제작(?)에 한 섹션으로 삽입하기도 했다. 지금은 여러 무용단이 즐겨 공연하는 인기 레퍼토리가 되어 '고전'으로 인정받고 있다.(작품명인 '가운데, 약간 위'는 무대장식에서 따온 것이다. 무대 중앙 위쪽에 체리장식이 매달려 있다.)

포사이드는 《가운데, 약간 위》에서 전통적인 발레규범을 따르지 않고 있다. 발레를 구성하는 요소들을 조합하는 규칙을 버리고, 춤의 시퀀스는 개개 신체부위의 움직임으로부터 얼마든지 변경할 수 있도록 구성한다. 기본적으로 무용수 개인의 몸과 움직임이 중심이다. 그래서 '발레를 해체했다'며 찬사와 비난을 한꺼번에 받은 것이다. 극단을 추구하는 예리함과 스피드가 전통 혹은 규범에 대한 도전으로 비춰진 것이다.

무엇보다 이 작품의 다이내믹한 힘은 톰 빌렘스의 음악이 보탠다. 신경을 자극하고 맥박을 고동치게 하는 반복적이고 시끄러운 전자음이 멈출 줄 모르고 움직임에 긴장감을 준다. 네덜란드 출신의 빌렘스는 처음으로 애플컴퓨터를 선택한 무대음악가다. 수백만의 음악샘플이나 소음, 복잡한 것들을 저장하고 복구시킬 수 있는 이 기계가 없었더라면 그의 음악은 생각할 수 없었을 것이고, 포사이드는 그 덕을 본 셈이다.

20년이 지난 지금 봐도 꽤 흥미로운 작품이지만, 무용수 당사자들에게는 꽤나 곤혹스러울 것 같다. '발레의 기본을 지키면서 발레의 기본을 무너뜨리라'는 요구가 그야말로 강인함과 유연함을 동시에 갖추고 있어야 하기 때문이다. 그래서 흔히 포사이드 스타일은 그의 댄서들에서 시작된다고 한다.

포사이드의 작품은 움직임을 해석하기 어려워 난해하지만 그 속에는 언제나 내부 논리에 따라 나오는 듯한 춤의 감성이 존재한다. 저항할 수 없는 무언가가 내 온 몸을 타고 흐르는 듯한 짜릿함. 그 비밀이 바로 댄서들에 있다. 즉, 춤을 춘다는 것은 무용수들이 그러한 논리를 완벽하고 철저하게 터득하고 있음을 보여주는 것이다.

그가 이끄는 무용수들은 자신에게 부여된 것을 그대로 수용하지 않는다. 자기 자신이 안무 내용의 일부임을 분명하게 인지하면서 움직인다. 스스로 몸으로부터 움직임의 범위를 확장시킬 수 있기 때문에 무대에서 즉흥상황을 연출할 수 있고, 작품 소재의 깊이를 표현해낼 수 있는 것이다.

* * * * * *

프랑크푸르트발레단 고별공연을 앞두고 포사이드가 토로한 심정을, 나는 잊을 수가 없다.

“무용수들의 발전을 위해 잘 운영되었던 지속적인 시스템을 상실했다는 것이 유감입니다. 무용단이란 한 세대에서 다른 세대로 이어지면서 지식을 담아내는 공동체라고 할 수 있습니다. 지난 20년 동안 … 무용수들은 교체됐지만 지식은 계속 이어져 왔지요. 예술공동체로서 무용단이 활동을 중단한다는 것은 재앙이나 다름없습니다. … 춤은 무용수들이 추는 것입니다. 안무란 그들이 춤을 추고 싶다는 소망에 불을 지펴주는 일이지요.”

직업무용단이 희박한 우리 무용계이기에, 나는 그의 말이 더 가슴 아프다.*

*유니버설발레단은 윌리엄 포사이드(William Forsythe)의 《가운데, 약간 위(In the Middle, Somewhat Elevated)》가 포함된 '모던발레 프로젝트'를 2008년 10월 17~19일 LG아트센터에서 공연했다.

예술도 인생도 사랑도 그러하다고

What I can't say, I will dance.
What I can't dance, I will sing.
What I can't sing, I will tell you.
- 시디 라르비 셰르카위

아크람 칸이 춤을 추기 시작하지? 자신이 훈련받은 인도 전통춤을 추잖아. 방울을 단 양 다리는 움직일 때마다 소리가 나고, 밀고 당기고 올리고 내리고 돌리고 뻗고 꺾고 젖히고 가리키는 등 빠른 템포의 팔 동작들은 리드미컬하지. 하지만 곧 좌절하잖아. 자신은 크리슈나가 될 수 없다며 한탄하고, 자신의 전통에서 영적 승화도 자유도 행복도 얻지 못하고 번민에 빠지지.

이어 실비 길렘이 손목을 묶고 있던 쇠사슬을 풀며 춤을 추기 시작해. 자신이 훈련받은 클래식발레의 동작들을 현란하게 보여주잖아. 하지만 어딘가 공허해. 기교만 요란하게 나열한 거니까. 실비 역시 자신이 진정으로 원하는 춤은 이게 아니라며, 계속 이렇게 춤을 춰야 하는지 고민하잖아.

이제부터 본론인데, 아크람과 실비의 첫 듀엣이 시작돼. 각자의 세계에서 한계에 부딪힌 그들은 서로 한눈에 알아보고 손을 얽어매잖아. 이렇게 하면 우리는 행복한 춤을 출 수 있을 거라며, 두 손을 꼭 마주잡고 빙글빙글 돌고 밀고 당기며 춤을 추지만, 결국 손이 풀어지고 둘은 엇갈려 버리지. 그것도 아니라는 걸 안 거지. 둘은 고민하잖아. 아름답고 행복했는데 뭐가 또 문제일까? 춤이 계속될수록 잡은 손은 거추장스럽고 점점 몸에 밴 자기춤이 습관처럼 나오니까 그런 거야.

결국 실비는 무대 위에 드러눕지. 한쪽 팔만 겨우 움직여 머리도 잡아서 돌려야 하고 움직이지 않는 팔다리를 힘들게 끌어당기잖아. 움직이지 못하니까 '이야기'를 하지. 이탈리아어를 배우고 싶었고, 그래서 한 책방에 갔는데 거기서 찰리 브라운 책을 발견했고 문뜩 어린 시절 줄넘기하던 때가 생각났다고….

실비는 두 가지를 실토해. 외국어는 완전 다른 소통의 도구를 가지고 싶다는 것이고, 줄넘기는 천진난만한 몸놀이를 했을 때 행복감을 느꼈다는 것을 말하지. 그러면서 지금까지 추어온 자신의 춤을 부정하잖아. 내가 춤추는 일이 진정 필요한가, 중요한 일인가라며….

이제 밝고 명랑한 음악이 넘치며 소녀처럼 머리를 땋은 실비와 아크람이 어린이들처럼 장난치며 춤을 춰. 팔짝팔짝 뛰고 우르르 몰려다니고 줄넘기하고 머리를 들이밀고 유치하게 어깨를 실룩거리며 즐겁게 춤을 추잖아. 두 사람은 즐겁고 행복했어. 그리고 관객들도 그 춤을 보며 가슴이 따뜻해지는 걸 느꼈을 거야.

다시 아크람이 혼자 전통에 도전해. 이번에는 손과 팔만을 사용하지 않고 온몸을 던지며 무대를 구르고 날며 크리슈나를 갈구하지. 하지만 엇갈리는 두 팔, 특히 오른쪽 팔은 왼쪽 손이 아무리 올려도 균형을 맞추지 못하고 자꾸 떨어져. 결국 그의 허리가 뒤로 확 꺾여버리잖아. 실비와 마찬가지로 아크람도 바닥으로 내려간 거지.

마지막, 그 둘이 다시 만나잖아. 실비의 두 다리는 아크람의 허리를 감싸고 붙들려 있지. 마치 연리지처럼 말이야. 굳게 선 아크람의 다리는 꽃대, 머리 위로 쭉 뻗은 팔들과 머리는 꽃잎 같지 않아? 오므렸다 활짝 피고, 바람 불면 흔들리고…. 뿌리가 굳건하고 줄기가 곧을 때 아름다운 꽃이 피어나는 법이야. 그들은 이제 의문을 갖지 않아. 같이 있든 떨어져 있든, 손을 잡든 잡지 않든, 각자 자신의 춤을 추든 — 그 어떤 몸짓도 자유로움으로 승화되어 아름답고 행복한 거지.

이제 전체 구조를 생각해봐. 두 무용수가 자기 세계에서 한계를 느끼고 자기부정하는 걸로 시작해. 각자 아름다운 독무를 보여주지만 만족스럽지 않아. 두 무용수는 유혹에 빠지지. 둘이 아름다운 척 춤추자고. 그러나 누구도 속지 않아. 자신부터 속으려 들지 않거든. 둘은 과거로 돌아가 아이들처럼 천진하게 뛰어놀지. 그러고는 다시 바닥에서 올라와. 전체 듀엣이 세 번 나오는데, 마지막 듀엣에서 둘은 새로운 경지로 진입하고 혼자 춤춰도 즐거운 단계로 들어가게 돼. 어때? 근사하잖아. 정말 멋진 공연이었어!

* * * * * *

당신이 이야기하는 동안 저는 신기할 따름이었습니다. 당신이 그 공연에 대해 그리고 그 무용가들에 대해 어떤 사전정보도 없었다는 것을 알고 있었기에 어떻게 그런 메시지를 전달받을 수 있었는지, 놀랐습니다.

하지만 저는 물었죠. 그래서 어쨌다는 거지요? 우리가 춤공연을 보는 건 안무의도를 이해하거나 작품을 해석하고자 하는 게 아니잖아요. 오늘 공연은 눈부신 발레리나 실비 길렘을 보러 온 거잖아요. 로렉스 시계 광고 보셨죠? 그 유명한 '6시 포즈'의 주인공이자….

또 실비는 자의식이 강한 여성무용수의 대명사로 유명하고요! 보수적인 발레단의 전통과 규범을 거부할 줄 아는 여성, 춤추는 자신의 존재보다 사회의 틀이 앞서서는 안 된다고 생각할 줄 아는 여성. 하여튼 체형과 기교 모두 완벽한 실비, 어느덧 마흔이 넘은 나이지만 다들 기적이라고 하는 그의 춤을 볼 수 있는 시대에 살고 있다니…, 오늘은 그 행운을 실감한 날이라고요.

* * * * * *

저기, 내 말은 우리의 삶도 그렇다는 거야. 추구하는 자의 삶은 똑같은 거거든. 자기부정-거짓에 속지 않기-솔직해지기-바닥-다시 올라오기-합일-자유.

남녀의 사랑도 마찬가지고. 겉으로는 손을 잡고 서로 의지하며 행복하다고 생각하지만 곧 진실하지 못한 점을 깨닫게 돼. 하지만 대부분 자신을 속인 채 그냥 덮어두려고 하지. 바닥에 내려가는 걸 거부하잖아.

하지만 자유와 승화를 추구하는 자는 솔직하게 거짓 행복을 거부하고 밑바닥에서 다시 시작해. 잘못하면 죽을지도 모르지만 비바람 치는 바다를 향해 길을 떠나지. 그러나 바닥에서 원형을 회복하고 다시 만나게 되는 합일점은 정신적으로 고양된 자유로움이 충만한 곳에 속해 있어.

결국 예술이나 인생이나 사랑이나 그곳을 향해 가야 하는 거지.

* * * * * *

음…. 하지만 이 작품의 의도가 무엇이었든 간에, 그리고 공연이 어떠했든 간에, 또 인생에 있어 예술의 의미가 무엇이든 간에, 오늘 실비 길렘과 아크람 칸의 춤은 제가 지금까지 본 것 중 가장 재미있는, 그야말로 최고의 공연이었습니다. 당신과 함께 본 '첫 춤'이었기 때문입니다.*

*실비 길렘(Sylvie Guillem)과 아크람 칸(Akram Khan)의 듀엣 《신성한 괴물들(Sacred Monsters)》은 2007년 3월 6~8일 LG아트센터에서 공연되었다.

나초 두아토의 《날개》

베를린 천사의
고독한 날갯짓

바람소리에 새벽잠을 설치고 일어나 문뜩 서울의 하늘을 바라보았다.
구름이 잔뜩 끼어 있다. 적란운 — 그 구름이 참 맘에 든다.
바람에 구름이 날린다. 아름답다.
나도 천사처럼 날개가 있다면 저 구름을 따라 하늘을 유영할 수 있을 텐데….

아이가 아이였을 때
팔을 휘저으며 다녔다
시냇물은 하천이 되고
하천은 강이 되고
그것이 모여 바다가 되었다

아이가 아이였을 때
자신이 아이란 걸 몰랐다
모든 것이 충만했고
모든 영혼은 하나였다

아이가 아이였을 때
주관도 없었고
습관도 없었다
책상다리를 하기도 하고
금방 뛰어다니기도 하고
머리에 가마도 있었고
사진 찍을 때 억지표정도 안 지었다

아이가 아이였을 때
질문의 연속이었다
왜 나는 나이고 네가 아닐까?
왜 나는 여기에 있고 저기에 없을까?
언제 시간은 시작됐고 어디서 공간은 끝날까?
이 세상에 사는 것이 꿈에 불과하지 않을까?
내가 보고 듣고 만지는 것이 단지 환영은 아닐까?
실제로 악이 있을까?
정말로 나쁜 사람이 있을까?
지금의 내가 되기 전에 나는 무엇이었을까?
언젠가는 나란 존재가 더 이상 내가 아닌 게 될까?

아이가 아이였을 때
시금치와 콩, 밥, 찐 양배추를 억지로 삼켰고
지금은 아무렇지도 않게 모든 걸 잘 먹는다

아이가 아이였을 때
낯선 침대에서 잠을 깬 적이 있었지만
지금은 항상 그렇다

예전엔 인간이 아름답게 보였지만
지금은 그렇지 않다
예전엔 천국이 확실하게 보였지만
지금은 추측할 수 있을 뿐이다
허무 따위는 생각 안 했지만
지금은 허무에 눌려 있다

아이가 아이였을 때
놀이에 열중했지만
지금에 와서 열중하는 건
일에 쫓길 때뿐이다

아이가 아이였을 때
사과와 빵만 먹고도 충분했는데
그것은 지금도 마찬가지다

아이가 아이였을 때
딸기를 한 움큼 꼭 쥐었는데
지금도 그렇다

덜 익은 호두를 먹으면 떨떠름했는데
지금도 그렇다
산에 오를 땐 더 높은 산을 동경했고
도시에 갈 땐 더 큰 도시를 동경했는데
지금도 그렇다
버찌를 따러 높은 나무에 오르면 기분이 좋았는데
지금도 그렇다
어릴 땐 낯을 가렸는데
지금도 그렇다
항상 첫눈을 기다렸는데
지금도 그렇다

아이가 아이였을 때
막대기를 창 삼아 나무에 던졌는데
창은 아직도 거기 꽂혀 있다.

- 페터 한트케, 〈유년기의 노래〉

그땐 몰랐다. 이 시가 이토록 가슴 저린 내용인지…. 영화 〈베를린 천사의 시〉는 그렇게 잊혔고, 암울하고 지루하다는 희미한 인상만 남긴 채 아마 다시 볼 생각도 못했을 것이다. 나초 두아토의 《날개》가 아니었다면!

* * * * * *

고전이 된 영화, 빔 벤더스 감독의 〈베를린 천사의 시〉는 독일이 통일되기 이전인 1987년에 제작되었고, 그때의 베를린은 동과 서로 나뉘어 있으며….

천사인 다미엘이 하늘에서 내려다보는 베를린은 잿빛이다. 후반부에 다미엘이 인간이 되었을 때 알록달록 색깔이 선명한 컬러로 나오는데(영상의 색이 참 예쁘다), 나는 처음 접했을 때 전반부가 흑백이라고 생각하지 못했다. 그만큼 베를린은 우울한 회색빛이라는 이미지가 강했으니까.

한국어 제목 '베를린 천사의 시'는 독어로는 '베를린의 하늘'이고 영어로는 '욕망의 날개'다. 베를린, 하늘, 천사, 날개, 욕망, 시…. 확실히 그 영화는 너무 어렸을 때 보았던 것이 틀림없다. 아니, 어쩌면 나초가 그 화두를 꺼내지 않았더라면 영화를 다시 봤더라도 그 만큼의 감동이 없었을지 모른다. 영화도 춤도 모두 한트케의 시를 이미지화한 것이라는 생각이 든다.

이 영화의 시나리오에 참여하기도 했던 독일 작가 페터 한트케의 〈유년기의 노래〉라는 시가 영화 중간 중간에 내레이션으로 삽입되어 있다. 천사 다미엘은 인간이 머릿속에 가지고 있는 생각을 들을 수 있는데, 그 생각들도 모두 독백처럼 들려서 시와 혼동된 채 흘러간다.

이 시를 주의 깊게 다시 듣게 된 건 바로 《날개》 때문이다. 나초의 《날개》는 그렇게 〈유년기의 노래〉가 담고 있는 의미와 감성을 춤추고 있다. 어른이 되면서 어린 시절의 순수함은 사라졌고, 나와 세상은 변했다. 하지만 변하지 않은 것도 있다. 영원한 것, 바로 진실!

* * * * * *

스페인 무용가 나초 두아토가 슬로베니아 연출가 토마스 판두르와 함께 독일 영화감독 빔 벤더스의 작품을 무대화했다. 이렇게 《날개》는 댄스, 시어터, 시네마가 섞여 녹아 있는 작품이다.

《날개》는 영화의 주제와 마찬가지로 현실과 진실 사이에서 방황하는 인간의 유한한 삶과 고독을 이야기한다. 인간의 고독 그리고 불멸에 대한 열망 — 무용수들의 고통스러운 몸짓은 불멸에 대한 욕망을 표출하고, 아르보 패트 등의 음악은 그러한 정서를 잘 감싸고 있다.

그리고 그들이 발견해낸 희망이 결국 '아름다움'에 있다는 메시지를 전하는데, 아름다움이란 설정되어 있는 목표가 아니라 억눌려 있는 내면의 움직임이 밖으로 나오는 것이다. 이처럼 춤이란 아름답게 보이기 위한 몸짓이 아니라 진실에 대한 감성을 드러내는 것이라고….

작품의 하이라이트는 마지막 '물의 장면.' 무대바닥에 물이 가득 차고 미끄러지며 유영하는 무용수들은 진실을 탐색하는 듯한 모습을 보여준다. 움직일 때마다 물결이 생겨나고 그것은 고정되지 못한 채 또한 새로운 그림을 그려낸다. 매끄럽게 펼쳐지는 잔상들, 그리고 젖은 몸이 차가운 조명을 받으며 — 막은 내린다.

* * * * * *

나초 두아토는 1957년 1월 8일 스페인 발렌시아에서 태어났다. 프랑코 독재시절 불우한 문화 속에서 유년기를 보낸 그는 열여덟살에 런던의 램버트스쿨에서 전문 무용훈련을 받았다. 그리고 브뤼셀에 있는 모리스 베자르의 무드라스쿨에서 그 범위를 넓혔고,

뉴욕 앨빈에일리무용단에서 춤을 더 깊이 배웠다.

1980년 스톡홀름의 쿨베리발레단에서 마츠 에크의 무용수로 활동했으며, 이어 지리 킬리안의 네덜란드댄스시어터(NDT)에 입단했다. 그곳에서 만든 첫 안무작 《닫힌 정원》(1983)으로 재능을 인정받아 안무가로 성장했고, 1990년에 모국의 스페인국립무용단 예술감독으로 부임했다.

1979년 창단된 스페인국립고전발레단(당시 이름)은 초대 단장 빅토르 우야테 이후 몇 명의 단장을 더 거치는 동안 클래식발레를 비롯해 광범위한 레퍼토리를 확보했지만 예술적 정체성이 확고하지 못했다. 나초가 예술감독을 맡으면서 과도기를 거친 후 1993년 지금의 이름 '스페인국립무용단'으로 개명하고, 모던하고 세련된 이미지로 거듭났다. 나초는 NDT에서의 훈련을 바탕으로 확실히 컨템포러리 발레에서 진가를 발휘했다.

그는 예술감독으로서 신념이 있었다.

"가장 중요한 일은 무용단에 정체성을 만드는 것이었습니다. 그리고 그것은 작품을 통해서만 가능한데, 나는 무용수들에게 새로운 스타일의 작품을 주었지요. 상임안무가가 있으면 확실히 무용수들이 성장합니다."

그리고 스페인국립무용단의 예술적 수준이 높아짐으로써 나초의 명성 또한 높아졌다.

나초는 어느덧 나이 오십이 넘었지만, 훤칠한 키와 잘생긴 얼굴, 매력적인 목소리, 섹시한 자태 등 인기스타의 면모 또한 갖춘 무용가. 그는 무용단의 빡빡한 스케줄 속에서도 틈나는 대로 영화나 TV 프로그램에 기꺼이 참여했었다.

그가 적극적으로 대중매체에 모습을 드러내는 이유는 오로지 하나, 대중에게 춤을 더 많이 알리고 싶다는 것이었다.

"사람들이 모두 춤공연을 보지는 않겠지만, 적어도 무용단이라는 것이 있고 무용수가 어떻고 안무가가 무엇을 하는지는 알게 될 테니까요."

나초의 주요 관심사 중 하나는 관객과의 연대감이다. 관객이 춤을 보고 각자의 생활과 연결하는 법을 찾길 바란다고—. 일상에서 미적 스타일을 만들 줄 알면 좋겠다는 뜻이다. 고도로 정제된 아름다운 춤을 보고도 엉망으로 생활할 수는 없을 테니까.

나초의 스페인국립무용단은 몇 차례 내한공연을 가진 바 있고, 그 섬세하고 세련된 아름다움에 반해 팬이 된 이들이 많다. 음악과의 친화력이 그의 장점 중 하나인데, 특히 '곡의 흐르는 선 위에서

튀겨나가는 듯한' 움직임이 그의 안무적 특징으로 묘사된다.

* * * * * *

나초는 《날개》에서 '천사'로 출연해 시를 낭송하고 춤을 추었다. 아! 그 모습 다시 볼 날이 과연 있을까, 나초….*

*스페인국립무용단은 나초 두아토(Nacho Duato)의 《날개(Alas)》를 2007년 6월 6~8일 LG아트센터에서 공연했다. 나초 두아토는 2011년 러시아 상트페테르부르크의 미하일로프스키극장 발레감독으로 이적했다.

키부츠컨템포러리무용단의《태양에 도달해보니》

보이체크 울렁증

살아온 동안 안 좋은 기억이 어디 한둘이겠는가.
사건뿐만 아니라 그 일이 일어났을 때의 감정까지 같이 얽혀져
뇌 속에 저장되는 것일까. 좀처럼 잊히지 않은 기억은
그 '감정' 때문일지 모르겠다.

내게도 그런 안 좋은 기억이 있다. 그건 바로 책을 읽으면서 토했다는 것이다(물론 헛구역질이었지만!). 너무도 심하게 비위가 상해 정신을 잃을 지경이었다.

그렇게 싫으면 안 읽으면 그만이련만, 그냥 읽었다. 그런데 마지막 책장이 끝난 뒤에도 그 메스꺼움은 얼마간 계속되었다. 미완성 희곡이어서 그런가. 끝나지 않은 이야기가 계속 머리에 맴도는 듯했다. 게오르크 뷔히너의 〈보이체크〉에 대한 내 기억은 그런 것이었다.

* * * * * *

10월, 공연이 너무 많아 불평 아닌 불평을 하며 주말까지 분주하게 일상을 보냈다. 평일에는 공연시간이 8시일 때가 많다. 공연장이 먼 곳이면 더 부담된다. 보통 퇴근시간이 늦은 직장인이 평일 저녁에 공연을 본다는 것은 쉽지 않은 일이다. 그래서 동행자 없이 공연을 보러 다닐 때가 많다.

일찍 서둘러 혼자서 공연장에 도착하면 보통은 가볍게 책을 읽는다. 자투리 시간을 이용한 책읽기는 아무래도 단편이 좋다. 이번에도 짧은 동화 모음집, 그 첫 이야기(제목이 '외로운 아이')는 이랬다.

"옛날 옛적에 불쌍한 한 아이가 있었다. 엄마도 아빠도 없었다. 모두 죽었다. 이 세상에 아무도 없었다. 모두가 죽었다. 아이는 울면서 멀리 길을 떠나 밤낮으로 찾아다녔다. 지구에는 살아있는 사람이 아무도 없었기 때문에 아이는 하늘나라로 가고 싶었다. 달님이 아이를 다정한 눈빛으로 내려다보고 있었다. 그리하여 아이가 마침내 달에 도착해보니 그것은 썩은 나뭇조각이었다. 그래서 아이는 해에게 가보았다. 막상 가보니 그것은 시들어버린 해바라기였다. 아이는 다시 별들에게 향했다. 그것은 조그마한 황금빛 파리들이었다. 아이가 다시 지구로 돌아오려고 보니, 그것은 뒤집어진 항아리였다. 아이는 이러지도 저러지도 못하고 털썩 주저앉아 엉엉 울었다. 그 아이는 지금까지도 혼자 울고 있다."

가만, 이 동화는 어디선가 들어본 적이 있는데… 맞다, 이스라엘 키부츠컨템포러리무용단!

* * * * * *

키부츠컨템포러리무용단은 '가톤'이라는 키부츠에서 춤생활을 기반으로 1970년대, (2차세계대전 때 아우슈비츠 강제수용소에서 살아남은) 예후디트 아르논이 설립한 단체다. '키부츠'라는 이름에서 짐작할 수 있겠지만, 여기서는 모든 무용수들이 함께 생활하며 연습하고 있다. 1996년부터 현재 예술감독 라미 베르가 무용단을 이끌고 있다.

라미 베르는 1959년 가톤에서 태어나 자랐다. 헝가리 출신의 그의 부모는 홀로코스트 생존자로서, 가톤에 터를 잡았던 것. 베르는 부모의 영향으로 어렸을 때부터 첼로를 배웠고 원래 음악가가 되려고 했다.

그런데 병역의무를 마치고 아르논의 키부츠컨템포러리무용단에 입단해 무용수이자 안무가로 활동을 시작했다. 《날개의 꿈》(1992), 《흑인 천사들》(1992), 《벌거벗은 도시》(1993), 《비망록》(1994) 등 인상적인 작품들로 이스라엘을 넘어 전 세계적으로 명성이 나있다. 안무 외에 조명디자인과 무대미술 작업도 직접 할 만큼 예술적 조예가 특출하다.

'이스라엘'이라고 하면 아무래도 국가적 특성을 떠올리지 않을 수 없다. 몇몇 작품이 정치적인 주제와 연결되어 있는 것 같지만, 베르는 그런 시각을 거부한다. "나는 내 작품이 관객 각자의 내면세계와 연결되기를 바랄 뿐입니다."

그는 다른 국가, 민족, 언어, 종교, 문화를 이어주는 다리, 그것이 춤이라고 말한다. "나에게 춤은 커뮤니케이션을 창조하기 위한 하나의 길이라고 할 수 있습니다."

특히 베르의 춤작업에서 지배적인 요소는 음악이다. "나에게 음악은 춤의 원천입니다. 음악은 내가 움직임을 볼 수 있는 내면의 눈을 뜨게 하지요. 말로 설명할 수 없지만 가장 원초적인 감정임은 분명합니다."

이렇게 라미 베르는 냉혹한 현실을 빛과 음악과 움직임으로 따뜻하게 만든다.

* * * * * *

2007년 '2회 성남국제무용제'에서 공연한 라미 베르의 작품 《태양에 도달해보니》(2005). 막이 오를 때 내레이션으로 흘러나왔던 이야기가 바로 (앞에서 언급한 동화) '외로운 아이'였다. 공연 팸플릿에 "대본: 게오르크 뷔히너의 〈보이체크〉에서 발췌, … 〈보이체크〉의 한 부분을 인용한 이 작품은…" 이라고 쓰여 있다.

70분간 무대는 꽉 찼다. 감각적인 조명과 여러 장르의 음악이 혼합되어 분위기는 장면마다 새로웠고, 무용수들의 움직임은 절제되고 계획적이며 역동적인 한편 부드럽고 서정적이었다.

단 하나의 소품, 특수제작된 '발'(돗자리)의 다양한 활용은 이 작품의 매력포인트였다. 접고 말고 펼치고 깔고…, 벽이 되기도 하고 기둥이 되기도 하고 바닥을 장식하거나 어떨 땐 의상이 되기도 했다. 독특한 아이디어, 조명(빛)으로 인해 그 효과는 무한했다.

강한 비트의 전자음악에서부터 바이올린/피아노 곡에 이르는 음악이 다이내믹한 움직임에 힘을 싣고 긴장감 있는 무대를 연출했다. 이 정도의 치밀함이면 음악, 조명, 동작을 따로 떼어낼 수 없겠다는 생각이 들었다. 무엇보다도 그 안에서 따뜻함이 전해져 왔다.

베르가 모티프로 한 〈보이체크〉의 한 부분이란, 희곡에서 할머니가 옛날이야기를 들려주는 대목이다. 부모를 잃은 소녀가 이 세상에 의지할 곳이 없어 태양을 찾아 길을 나서지만 결국 어디나 폐허뿐이어서 실망만 하게 된다는 슬픈 이야기. 작가 뷔히너는 할머니의 동화를 통해 세상은 차갑고 외로운 곳이라는 메시지를 전한다. 절망뿐인 이 세상에 혼자 남겨져 울고 있는 소녀는 주인공 보이체크의 상황을 집약해서 대변한다.

뷔히너는 보이체크를 통해 이 세상이 얼마나 황폐하고 절망적이며, 외롭고 가망 없는 세상인지를 보여주고 있는 것이다. 어쩌면 나는 그 현실이 그토록 끔찍하게 싫었는지 모른다. 어떤 이들에게 이 세상은 왜 그렇게 고통뿐인가. 어떤 희망도 어떤 위안도 없이 왜 살아야만 하는가. 그 사실에 정신적으로 심한 거부반응을 일으켜서 어지러움증이 지속된 것은 아닌지….

하지만 라미 베르는 이 슬픈 이야기를 꿈이 있는 아름다운 세상으로 그려냈다. 그는 오히려 모든 실망과 좌절 후에 희망이 온다고, 희망이란 바로 절망이란 토양에서 싹을 틔워 자란다고 역설한다. 춤은 유토피아, 즉 희망을 향한 발판이라고….

안무자는 "움직임과 텍스트와 비주얼과 음악을 연결하고, 소품과 조명과 의상을 엮어 무대에 하나의 세계를 만들어 보여주고 싶다"고 했다. 그렇게 춤무대에서는 어떤 세상도 새롭게 탄생될 수 있다.

오랫동안 안 좋은 기억으로 날 괴롭혔던 '보이체크 울렁증', 이제 라미 베르의 춤으로 다 나은 것 같다.*

*이스라엘 키부츠컨템포러리무용단(Kibbutz Contemporary Dance Company)은 라미 베르(Rami Béer)의 《태양에 도달해보니(Upon reaching the Sun)》를 2007년 9월 8일 성남아트센터에서 공연했다.

에미오 그레코의 《지옥》

지옥의 불길에서도
춤을 춰라

문명화된 현대사회에서 사는 인간은
계획적으로 잘 설계된 우리 안에서 사육되는 동물 같다.
대자연의 품에서 숨 쉬고 삶을 꾸렸던, 자연이 인간에게 베풀었던
그 무한한 자유로움은 잊어버린 지 오래다.

우리는 그렇게 갇혀 산다. 자신이 갇혀 있는지도 모른 채 주어진 대로 하루하루 그렇게…. 획일화된 체제 속에서 얌전히 살다가 어느 순간 갑자기 심장이 터질 것 같은 정체모를 에너지로 온 몸이 전율하는 충격을 느낄 때가 있다. 모든 신경세포들이 깨어나는 듯하고 심장박동이 빨라지며 도무지 흥분이 가라앉지 않은 느낌.

몇 해 전 어느 봄날, 그런 전율에 휩싸였던 적이 있다. 날갯짓하는 두 팔, 물결치는 두 다리, 붙잡힌 짐승처럼 몸부림치는 몸통…. 그는 안절부절못하는 한 마리 야생동물처럼 무대를 휘젓고 다녔다. 그 순간 나는 높은 하늘로 솟아오르고 깊은 바다 속을 헤엄치며 드넓은 초원을 뛰어다니고 싶은 충동이 일었다.

******

그가 바로 에미오 그레코다. 위대한 자연의 경이로움을 맛보지 못한 인간이 그 거대한 힘을 조금이라도 느낄 수 있는 유일한 공간이 있다면 그건 바로 춤의 세계임을 실감하게 해주었다. 관념이 주가 된 현대예술계에서 '생각 이전에 몸이 있다'는 것을 선포한 것이다.

독일의 한 비평가는 에미오 그레코의 예술이 관념과 순수춤 사이, 어딘가 알 수 없는 곳에 자리잡고 있다고 말한 적이 있다. 그레코는 생각을 움직임으로 번역하는 그 직접적인 방법을 연구하는 듯하다. 정신이 육체를 움직이게 하는가? 그는 '생각하는 동시에 움직이는' 것이 아니라 '움직이는 동시에 생각하는' 것으로 춤의 명제를 바꾸어버린다. 생각하는 것의 본질적인 원천이 바로 움직임이라고….

* * * * * *

에미오 그레코는 1965년 이탈리아 반도, 아드리아 해에 접해 있는 항만도시 브린디시 근처에서 태어나 농장에서 자랐다. 10대 후반이 될 때까지 춤공연을 실제로 본 적이 없었고, 오로지 TV를 통해서만 춤을 접할 수 있었다고 한다. 그렇게 꼬마는 춤에 빠져들었고…, 정체모를 열망이 에미오를 댄서의 길로 인도했다. 청소년 때는 쇼핑센터나 카바레, 길거리, 신차 발표회장 같은 곳에서 춤을 추었다.

심장이 폭발할 것 같은 그 무언가가 그를 내버려두지 않았다. 그리하여 그는 결국 무대 위에 서게 되었다. 난생 처음 자기 자신, 즉 에미오 그레코다운 춤을 추게 된 그때를 "내 안에 잠자고 있었던 어마어마한 잠재력을 처음 발견했다. 너무도 행복했다. 오랫동안 파묻혀 있었던 그 잠재력이 깨어난 그 순간부터 나는 달라졌고, 이후 그 에너지는 절대로 사라질 수 없는 것이었다"라고 기억한다.

에미오는 열아홉 살이 되어서야 로젤라 하이타워의 무용학교와 모리스 베자르의 무용학교에서 정식 무용수업을 받을 수 있었다. 그리고 1987년 파리로 건너가 얀 파브르의 무용단에 합류했고, 테시가와라 사브로와도 작업했다. 그때부터 그는 자신만의 신체어휘를 계발하려는 강력한 욕구에 사로잡혔고, 얼마 지나지 않아 유럽에서 가장 대담한 안무가 중 한 명으로 우뚝 섰다.

그의 예술작업과 성공에는 파트너인 피에터 숄텐의 도움이 컸다. 네덜란드 출신 연출가 숄텐은 영화나 문학에서의 토템적 표상에 근거한, 생생하고 관념적인 작품활동을 하고 있었다. 그는 1995년 〈춤의 순간들〉을 기획했는데, 그것은 "안무가들의 예술작업을 억압하는 공연과 초연이라는 쳇바퀴 도는 듯한 순환으로부터 벗어나게 하려는" 개방적인 작품들이었다. 이 워크숍에 참여했던 무용가들 중에 에미오가 있었던 것이다. 숄텐은 에미오를 보자마자 그와 함께 작업해야만 한다고 확신했다. 숄텐의 주도로 1995년 무용단을 창단하고, 암스테르담을 본거지로 전 세계 무대를 누비고 있다.

그들은 유럽의 여러 페스티벌에서 찬사를 받았고, 새로운 춤어휘를 만들어낸 업적을 인정받았다. 이들의 협력작업이 또 하나의 춤과 연극의 결합이 아니겠는가 하겠지만, 그들의 실험은 그 이상이다. 화학자인 부모의 성향을 물려받아서일까, 숄텐은 그레코와 함께 새로운 움직임 방식, 특히 인간의 몸이 어떻게 일상의 자극에 대해 본능적으로 반응하는지 실험했다. 그 결과 몸의 자연적(본능적) 충동에 해당하는 독특한 춤어휘를 창조했다.

그레코는 그것을 '살의 언어'라고 지칭했다. 살의 언어라니…, 그의 춤 앞에서는 아무것도 예측할 수 없다. 일상적이지 않은 긴장, 어쩌면 그것은 드넓은 황야에서 적에게 맹렬히 쫓기는 동물의 질주에서 내뿜어지는 치열한 에너지일지도….

* * * * * *

에미오 그레코의 《지옥》은 단테의 장편서사시 〈신곡〉에서 영감을 받은 것이다. 저승세계로의 여행을 주제로 한 〈신곡〉은 중세문학의 고전으로 손꼽힌다. 어두운 숲에서 길을 잃고 서 있는 서른다섯 살의 단테가 주인공.

세상의 온갖 악으로부터 두려움에 떨던 단테는 평소 존경하던 로마 시인 베르길리우스의 인도를 받으며 여행을 떠난다. 피비린내 나는 악취와 고통스런 비명소리로 가득 찬 '지옥'을 지나고, 구원을 갈구하는 참회와 회개로 가득 찬 '연옥'을 지난다. 그리고 '천국'의 입구에서 만난 영원한 사랑 베아트리체에게 인도되어 신(神)의 사랑에 눈뜨게 된다는 내용이다.

단테는 여행 중 플라톤, 토마스 아퀴나스, 제우스, 오디세우스, 유다, 솔로몬 등 역사상의 실존 인물들과 신화적 존재들 수백 명을 만나 이야기를 나누면서 기독교 신앙을 바탕으로 중세의 철학, 윤리, 신학, 천문학적 세계관을 보여준다.

에미오 그레코의 《지옥》은 기본적으로 〈신곡〉 중 가장 걸작으로 손꼽히는 지옥편과 베토벤의 5번 교향곡 〈운명〉의 일부를 바탕으로 하고 있지만, 뚜렷한 스토리라인은 없다. 평소 그레코는 "춤이 이야기를 만든다"라고 피력하곤 하는데, 사람마다 각자 다른 이야기를 갖게 될 것이라는 뜻이다. 그에게 춤은 본질적으로 내용이 정해져 있지 않은 동화 같은 것이다.

오늘날 우리에게 지옥은 무엇을 뜻하는가? 우리는 지옥 그 자체를 묘사할 수 있는가? 8명의 댄서들은 카바레 같은 광란의 댄스장면에서부터 누드로 펼쳐지는 장면, 직선으로 뻗은 팔과 나선으로 비틀린 몸통, 반복적이고 파워풀한 동작 등 무대는 온갖 것이 다 일어날 수 있고, 또 그 모든 것이 공존할 수 있는 세계를 보여준다. 이게 지옥인가 천국인가?

이 작품은 천국과 지옥 사이 인간영역에 존재할 가상의 장소를 탐색하고 있는 듯하다. 늘 극단을 오가며 균형을 잡고 있는 그들의 예술작업을 대변이라도 하는 것처럼. 그레코는 "인간이라는 존재가 얼마나 연약한지 그리고 얼마나 강한지를 성찰하는 작품이다"라고 덧붙였다.

* * * * * *

그레코와 숄텐은 끊임없이 컨템포러리댄스의 한계에 대해 실험하는 것이 자신들의 목표라고 한다. 어디로 얼마큼 나아갈지 자신들도 모른다고…. 작품 《지옥》이 춤이란 무엇인가에 대한 사람들의 예측 혹은 기대를 바꿔놓은 것처럼, 그레코와 숄텐에게 춤이란 '춤이 무엇이 될 수 있을지를 보여주는 길을 따라 걸어가는 하나의 걸음걸이'다.*

*Emio Greco|PC의 《지옥(Hell)》은 2009년 4월 4~5일 성남아트센터에서 공연되었다.

'젊음 순수 열정'이라 쓰고 '춤'이라 읽는다

이 세상에서 가장 부러운 나라(혹은 도시)가 어디냐고 물으면
'훌륭한 무용단'이 있는 바로 그곳이라고 답하겠다.
기분좋은 흥분을 불러일으키는 춤이 있는 그곳 —
'엔디티(NDT)'로 불리는 네덜란드댄스시어터가 바로 그런 무용단이다.

헤이그에 있는 네덜란드댄스시어터(NDT)는 1959년 창단되었다. 초대 예술감독 벤자민 하커비를 중심으로, 기존의 발레전통에서 벗어나 새로운 테크닉과 실험정신으로 무장하고 혁신적인 춤을 추구했다. 1960년 한스 반 마넨이 예술감독으로 부임하면서 활약이 두드러졌다.

오늘날 'NDT' 하면 제일 먼저 지리 킬리안을 떠올리게 된다. NDT는 실로 킬리안에 의해 국제적인 명성의 단체로 급성장하였다. 킬리안은 1975년부터 1999년까지 예술감독으로 재직하면서, 고도의 테크닉과 음악과의 절묘한 조화를 이룬 작품들로 어떤 무용단도 모방할 수 없는 독자적인 작품세계를 보여줬다. 또한 오하드 나하린, 나초 두아토 등 비전 있는 안무가들에게 작품을 의뢰하는 등, NDT는 21세기에도 끊임없는 실험정신으로 현대춤의 새로운 지평을 열어가고 있다.

NDT는 NDT Ⅰ(23~39세), NDT Ⅱ(17~22세), NDT Ⅲ(40세 이상)로 나뉘어 있는데, 2008년 처음 한국을 방문한 NDT Ⅱ는 그야말로 22세 이하의 건강한 신체가 뿜어내는 주체할 수 없는 에너지와 테크닉이 돋보이는 그룹이다. 1978년 창단 이래, 한스 반 마넨, 지리 킬리안, 나초 두아토, 오하드 나하린 같은 개성 있는 안무가들이 NDT Ⅱ의 몸에 꼭 맞춘 듯한 작업을 해왔고, 또한 재능 있는 신예 안무자들이 이 역동적인 무용단과 함께 작업함으로써 '젊은 춤'의 대명사로 그 명성을 높이고 있다.

이처럼 NDT Ⅱ의 명성은 유명 안무가들의 작품에서 비롯되는 것도 있지만, 한편으론 이 안무가들에게도 행운이라고 할 수 있을 것이다. 재능 많고 탁월한 실력을 지닌 젊은 댄서들과 작업함으로써 여러 가지 스타일과 테크닉을 실험해 볼 수 있을 뿐만 아니라, 이들이 있어 고도의 테크닉과 무한한 에너지가 가능한 춤을 보일 수 있다. 그리하여 몸, 그 표현가능성의 영역이 얼마나 무궁무진한지 보여주고 있으니 말이다.

특히 이들이 전 세계에 미친 영향이 있다면, 그 거침없는 에너지를 발산함으로써 컨템포러리댄스에 대한 젊은 관객들의 관심을 불러 모으는 데 기여한 점일 것이다. 그들의 빛나는 천진난만함은 내한공연한 작품에서도 여전했다.

* * * * * *

지리 킬리안의 작품 《잠 못 이루는》(2004)은 독특한 조명과 무대장치를 통해 강렬한 인상을 준다. 무대 뒤 벽을 통과해 빨려들어 가듯이 사라지거나 갑자기 던져지듯 튀어나오는 댄서들을 통해 인간의 몸에 대한 환상과 마법 같은 무대를 보게 된다.

이러한 킬리안의 무대 연출은 더크 하우브리흐의 음악과 잘 맞아 떨어지고 있다. 그는 유리하모니카라는 독특한 악기를 가지고 모차르트의 아다지오를 바탕으로 무대를 조형해내는데, 그 신비로운 선율은 벽면의 움직임과 함께 더욱 두드러진다.

이에 남녀 세 쌍, 댄서 6인의 유려하고 나긋나긋하며 우아한 움직임과 재빠른 잡아당김과 튕김, 생기발랄한 점프가 마음 속 깊이 박혀 '잠 못 이루게'(!) 할지 모른다.

1947년 3월 21일 체코 프라하에서 태어난 지리 킬리안은 프라하 컨서바토리발레학교를 거쳐 1967년 런던 로열발레학교에서 수학했다. 그곳에서 알게 된 존 크랑코의 초청으로 이듬해 슈투트가르트발레단에 입단했고, 그곳을 발판삼아 안무가로 활동하며 NDT와도 인연을 맺게 된 것이다. 아이디어가 풍부하고 음악 구사력도 훌륭해 갖가지 스타일의 작품을 만들어낼 줄 알며, 무엇보다 인간에 대한 깊이가 있는 안무가다.

＊＊＊＊＊＊

오랫동안 상임안무가로 수많은 작품을 무용단에 남긴 한스 반 마넨의 안무작 《심플 씽스》(2001)는 현대음악과 고전음악을 한데 갖추고 있는 작품으로 '단순함'이 매력이다.

두 명의 남성 댄서가 아코디언으로 연주되는 스카를라티 소나타 선율에 맞추어 추는 고난도의 듀엣으로 시작한다. 그리고 음악이 하이든과 바스크의 곡으로 바뀌면 두 명의 여성 댄서가 나와 남성들과 함께 하는 파드되가 이어진다.

각자 자신감이 충만한 상태로 춤을 추다가 결국은 서로간의 관계 맺음에 실패하면서 시선을 자주 바닥으로 떨어뜨린다. 그렇게 춤은 명랑함과 진지함, 어리석음과 사려깊음 사이의 균형감각을 일깨워주는 듯하다.

한스 반 마넨은 1932년 11월 7일 네덜란드 암스테르담 근교, 지금의 암스텔펜에서 태어났다. 그는 2차세계대전 후 네덜란드 발레를 일군 소니아 가스켈에게 무용을 배웠고, 1952년에는 암스테르담오페라발레단에 입단했다. 롤랑 프티의 무용단에서도 활동했으며 1956년부터 안무하기 시작했다. NDT의 예술감독이 되면서 수많은 작품을 만들어 무용단의 발전을 이끌었고, 이후 네덜란드국립발레단 예술감독으로도 재직했다. 다작 안무가이기도 한 그는

100여 편이 넘는 작품을 만들었는데, 주로 클래식과 모던 댄스가 혼합되어 있는 음악성이 강한 발레들이다.

* * * * * *

오하드 나하린 안무의 《마이너스 16》(1999)은 《자차차》, 《아나파자》 등 이전 작품들을 편집해 이스라엘 전통음악과 라틴아메리카 음악을 연결하여 만든 독창적인 작품이다.

남성 정장 차림을 한 15명의 댄서들은 각자의 자리에서 스윙을 춘다. 이러한 조용한 솔로가 감정을 자제하는 듯한 아름다움을 보여주었다면, 이후 집단적 움직임은 억제하지 못하는 대담함을 보여주어 대비를 이룬다. 나하린은 신체 깊숙한 곳에서 에너지가 용솟음쳐 나오는 스피드와 갑작스런 '반전'이 간담을 서늘하게 할 정도로 짜릿함을 주는 특징이 있다.

《마이너스 16》은 춤의 쾌감, 생의 기쁨에 대한 오마주라고 할 수 있다. 철철 넘쳐흐르는 이 격동적인 움직임은 댄서들을 넘어 객석까지 전해진다. 그리하여 무대에는 관객이 초대되어 춤추는 즐거움에 참여하게 된다. 몸과 마음, 그 모두를 장악하게 될 춤의 강력한 힘에 들뜬 마음을 감추지 못하고 열광하게 된다.

오하드 나하린은 1952년 6월 22일 이스라엘 아풀라 근교 키부츠 미스라에서 태어났다. 처음에 뮤지션이 되려고 음악교육을 받은 그는 병역을 마치고 무용에 입문했다. 1975년 뉴욕으로 건너가 마사 그레이엄에게서 춤을 배우고 벨기에 모리스 베자르의 무용단에서 잠깐 무용수로 활동하다 1980년부터는 뉴욕에서 개인무용단을 꾸려 활발하게 작품활동을 해나갔다. 1990년 이스라엘 대표 무용단이라고 할 수 있는 바체바무용단 예술감독으로 부임했는데, 다이내믹한 음악의 구조를 지향하는 작품들을 많이 안무했다.

* * * * * *

세 작품 모두에서 특히 주목하게 되는 것이 '음악'이다. 이제 클래식 연주회, 락 콘서트에서만 음악을 즐긴다고 생각해서는 안 된다. 전반적으로 NDT의 공연은 음악이 춤적으로 반응하는 현장이기도 한데, 이는 음악과의 친화성이 높은 킬리안이 닦아놓은 성향일 것이다.

요즘 춤현장에서 우리 젊은 무용가들의 시선이 유럽을 향하고 있음을 본다. 거기, 춤의 순수한 즐거움 — 가슴 설레게 하는 젊고 새로운 춤이 기다리고 있어서일까.*

*네덜란드댄스시어터 II(NDT II)는 지리 킬리안(Jiri Kylian)의 《잠 못 이루는(Sleepless)》, 한스 반 마넨(Hans van Manen)의 《심플 씽스(Simple Things)》, 오하드 나하린(Ohad Naharin)의 《마이너스(Minus) 16》을 2008년 5월 17~18일 성남아트센터에서 공연했다.

II

춤, 읽다

나는 춤추는 것을

이해하는 신(神)만을 믿을 것이다.

— 프리드리히 니체

영화와 발레로 만들어진 소설 〈그리스인 조르바〉

조르바 댄스를 아시나요?

"하고 싶은 말이 쌓이고 쌓였지만 내 혀로는 안 돼요.
춤으로 보여드리지. 자, 갑시다!"
자유인 조르바는 그렇게 춤을 춘다.

겨울문턱에 막 들어선 어느 이른 밤. 피부는 차갑게 느끼지만 들이켜 몸속에 들어오면 청량감을 주는 딱 그 정도의 냉랭한 공기에 취하기 쉬운 밤에, 아무것도 아닌 평범한 저녁식사 자리는 이런 저런 의미없는 이야기들로 채워지고 있었다.

그 밤공기가 온몸을 타고 돌아 기억을 깨웠는지, L이 군대에서 새벽에 보초서던 이야기를 꺼냈다. 그렇게 화제는 군대이야기로, 끊이지 않고 샘솟는 그 젊은 날로 돌아갔다. 영혼을 갉아먹었던 입시지옥도 결국 잊히고 말았는데, 도대체 남자들은 왜 군생활을 잊지 않는단 말인가. 어쩌면 두 번 다시 없을, 철저하게 자유를 빼앗긴 경험이라서? 그렇게 해서 또 화제는 자유란 무엇인지로 넘어가고….

그렇게 한창 주절거리던 중 L이 눈빛을 반짝거리며 한마디 했다.

"그래, 춤! 조르바!"

* * * * * *

니코스 카잔차키스의 소설 〈그리스인 조르바〉를 언제 무슨 계기로 처음 읽었는지, 기억이 없다. 나는 그 제목을 '자유인 조르바'라고 잘못 읽곤 했다. '조르바'가 그런 건지 '그리스'가 그런 건지 (아님, 그 둘 다인지) 정확히 모르겠지만 그 이름은 항상 '자유'를 연상케 했다. 그러니 아마도 자유와 관련 있는 뭔가를 찾다가 접하지 않았을까.

하지만 '조르바'라는 이름은 또한 영화배우 안소니 퀸을 떠올리게 한다. 이 소설을 원작으로 1964년 마이클 카코야니스 감독이 만든 영화 〈그리스인 조르바〉에서 안소니 퀸이 조르바 역을 맡아 그 캐릭터를 실감나게 해주었던 것이다. 태어나기도 전의 일이라 내겐 전설이지만, 그 영화는 지금도 유명한 명작으로 남아 있다. 이 영화를 찾아본 것은 순전히 춤 때문이었다.

최고의 명장면으로 꼽히는 엔딩씬. 주인공이 전 재산을 투자해 설치한 광산의 케이블 리프터가 한순간에 무너져버린다. 절망적인 파산의 순간, 인생도 그렇게 끝나는 건가. 가진 걸 모두 잃고 결국 고향인 영국으로 돌아가야 하는 작가 바실 — 그가 조르바에게 춤을 가르쳐 달라고 한다.

"춤추는 법 좀 가르쳐줄래요?"
"춤? 지금 '춤'이라고 했소? 시작합시다. 같이. 앞으로. 위로! 다시. 위로! 아래로!"

조르바와 바실이 양팔을 벌리고 나란히 서서 함께 리듬을 타며 스텝을 밟는다. 불과 2~3분에 불과한 이 장면의 감동은 보는 이들의 가슴속에 울림을 남겼다. 우리가 살아가는 이유를 바로 그 순간 깨닫게 된다. 춤추는 안소니 퀸, 아니 조르바가 얼마나 자유로워 보이는지 — 그 모습을 어찌 잊을 수 있겠는가!

* * * * * *

'조르바 댄스'는 저항운동가로도 유명한 뮤지션인 미키스 테오도라키스의 곡에 조르고스 프로비아스가 안무했다. 그 춤은 '시르타키'로 불린다. 그리스의 전통 민속악기인 부주키의 독특한 음색, 그 반주가 매력적이어서 인상적인 춤곡으로도 유명하다.

시르타키는 고대 그리스 민속춤인 '하사피코' 등을 토대로 만들어졌다. 느릿느릿 발을 끄는 듯한 동작과 껑충 뛰는 듯한 동작 등으로 이루어진다. 처음에 느리게 시작해서 부드럽게 움직이다 점차 빠른 템포로 바뀌는데, 보통 일렬로 나란히 서서 어깨동무를 하듯 팔을 곧게 뻗어 춤춘다. '슬픔을 잊게 해준다'는 의미가 있단다. 요즘도 세계 민속무용 페스티벌에서 자주 추는 레퍼토리이고, 또 음악도 춤도 다양하게 리믹스되어 댄스경연대회에서 항상 인기 있는 춤이다.

그런데 시르타키는 특별히 영화를 위해, 더 정확히 말해 그리스 민속춤의 스텝이 너무 어렵다고 한 안소니 퀸을 위해 안무되었다고 한다. 영화의 조르바 댄스에서 '인간은 자유로운 존재'임을 느낄 수 있었던 것은 순전히 안소니 퀸 혹은 그가 연기한 캐릭터 덕분이다.

* * * * * *

또 한 명의 조르바를 소개한다면, 아마 러시아 볼쇼이발레단 출신의 스타 블라디미르 바실리예프가 될 것이다.

〈그리스인 조르바〉 영화음악을 맡았던 테오도라키스는 1988년 관현악곡으로 편곡해 무용음악을 만들었다. 그리고 로르카 마신이 안무를 맡아 춤작품이 한 편 탄생했다. (로르카 마신은 20세기 초 발레뤼스 출신의 유명한 무용가 레오니드 마신의 아들이다.)

1990년 이탈리아 베로나, 고대 로마의 유산이 많은 그곳 (야외) 원형극장에서 테오도라키스의 지휘와 감독으로 《그리스인 조르바》가 공연되었다. 2막 23장으로 구성된 이 작품은 합창과 메조소프라노의 독창, 주역들의 춤과 군무의 민속춤 등으로 이루어져 있는데, 그 웅장한 규모가 그리스극답다.

여기서 바실리예프가 조르바 역으로 출연했다. 1940년 모스크바에서 태어난 그는 볼쇼이발레학교를 졸업하고 1958년 발레단에 입단했다. 서구로 망명한 루돌프 누레예프나 미하일 바리시니코프에서 짐작할 수 있듯이, 러시아에는 출중한 발레리노들이 많다. 구소련의 사회적 폐쇄성으로 인해 자국 내에서만 활동한 그들의 존재가 우리에게는 잘 알려지지 않았지만, 바실리예프는 1960~80년대 볼쇼이발레단 최고 스타였다. 서정성과 남성성, 심리적 극성과 기교적 완벽성, 거기에 창의성까지— 어떤 배역을 맡든 배역 그 자체가 되어 버려서 안무자와 함께 춤을 창조한다는 평가를 받았을 만큼 매력적인 댄서.

《그리스인 조르바》 공연에서도 노장 바실리예프의 춤은 안소니 퀸의 연기만큼이나 감동적이다. 그는 진정한 조르바였다.

* * * * * *

소설책 『그리스인 조르바』(이윤기 옮김, 열린책들, 2000)에서도 조르바가 춤추는 장면이 꽤 여러 번 나온다. 조르바는 춤이 언어보다 훨씬 더 많은 것을 이야기할 수 있다고 말한다. 춤추는 장면은 길게 묘사된다.

"그는 춤에다 몸을 맡기고 손뼉을 치는가 하면 공중으로 뛰어올랐고, 발끝으로 도는가 하면 무릎을 꿇었다 다리를 구부리고 다시 공중으로 뛰어올랐다. … 그는 갑자기 날아가려는 듯이 공중으로 펄쩍 뛰어 올랐다. 그를 보고 있노라면, 늙은 육신 속에 그 몸을 들어다 어둠 속에 유성처럼 던져 버리고 싶어 안달을 부리는 영혼이 하나 있는 것 같았다. … 뛰어올랐지만 그의 불쌍한 육신은 쉴 새 없이 다시 땅에 떨어졌다. 그의 얼굴은 비장했다. 이를 악문 그는 불가능을 성취하려고 악전고투를 벌이고 있었다."

공중에서 산산이 부서질 것처럼 — 왜 그렇게 결사적으로 춤을 추느냐고 묻는 말에 조르바는 대답한다.

"내 속에는 소리치는 악마가 한 마리 있어서 나는 그놈이 시키는 대로 합니다. 감정이 목구멍까지 올라올 때면 이놈이 소리칩니다. '춤춰!' 그러면 나는 춤을 춥니다. 그러면 숨통이 좀 뚫리지요."

조르바는 세 살배기 첫 아들이 죽었을 때 시체 앞에서도 춤췄다고 말한다. 사람들은 미쳤다며 춤추기를 말렸지만 그는 너무 슬퍼서, 춤을 추지 않았더라면 정말 미쳐버렸을 거라고 했다. 또한 러시아인을 만났을 때 서로 말이 안 통해 각자 하고 싶은 말을 춤으로 췄는데, 놀랍게도 상대방이 하는 말을 다 알아들을 수 있었다고….

조르바는 기쁠 때 슬플 때 행복할 때 불행할 때 춤을 췄다. 춤만이 그가 숨 쉴 수 있게 해주었다. 춤출 때만이 그는 진정으로 인간, 즉 자유로운 존재가 되었다.

주인공은 춤추는 조르바의 팔다리에 날개가 달린 것 같다고, 바다와 하늘을 등지고 날아오르자 그가 흡사 반란을 일으킨 대천사 같다고, 하늘에 대고 이렇게 외치는 것 같다고 느낀다.

"전능하신 하느님, 당신이 날 어쩔 수 있다는 것이오? 죽이기밖에 더 하겠소? 그래요, 죽여요. 상관 않을 테니까. 나는 분풀이도 실컷 했고 하고 싶은 말도 실컷 했고 춤출 시간도 있었으니…. 더 이상 당신은 필요 없어요!"

* * * * * *

작가 니코스 카잔차키스는 조르바라는 인물을 통해 "나는 인간입니다"를 말한다. "인간이라뇨?"라고 묻는 말에 대해 "자유라는 말입니다"로 대답한 대목에서 짐작하듯, 카잔차키스가 뜻하는 자유란 '신(神)으로부터 독립된 존재'임을 뜻하는 것 같다.

춤은 인간이 신에 매어있지 않은 존재임을 알려주는가? 그럴지도 모른다. 육체가 있어야만 춤출 수 있으니까. 신은 육체가 있는가? 신은 욕망이 있는가? 신은 죽을 수 있는가?*

*1990년 베로나 페스티벌에서 리바이벌된 실황을 수록한 DVD 〈테오도라키스: 그리스인 조르바(Theodorakis: Zorba The Greek)〉가 2008년 국내서도 출시되었다.

베르사체의
라스트댄스

'발레계의 인습타파주의자 모리스 베자르, 80세로 영면하다.'
2007년의 마지막 잡지 12월호를 준비하던 중
그의 사망소식을 접하고 잠시 멍해진다.
베자르가 죽다니!

한 번도 만난 적이 없지만 너무도 많이 들어서 마치 잘 알고 있는 것 같은 사람이 있다. 모리스 베자르는 그런 사람이다. 일부는 지독히도 싫어했고 일부는 지독히도 좋아했다. 그래서 호평이든 악평이든 그의 모든 면은 항상 이슈거리였다. 그러니 작품을 거의 보지 못했는데도 잘 아는 것처럼 생각될 수밖에.

그의 사망소식은 정말 놀랐다. 얼마 전까지만 해도 그에 관한 기사를 읽은 것 같은데…. 베자르는 불과 4개월 전인 (2007년) 7월 15일 밀라노의 라 스칼라 극장에 모습을 보였다. 그곳에서는 이탈리아의 유명한 패션디자이너 지아니 베르사체의 10주기 기념행사가 열리고 있었다.

* * * * * *

1946년 12월 2일 이탈리아 칼라브리아에서 태어난 지아니 베르사체. 그는 1997년 7월 15일 미국 마이애미에 있는 대저택 '카사 카수아리나'에서 앤드류 커내넌이라는 청년에게 권총으로 피살되었다.

2007년 여름, 밀라노에서는 '베르사체 10주기' 기념행사들을 마련했다. 그 중 춤공연도 있었고 그것을 베르사체와 절친했던 모리스 베자르가 마련한 것이다. 지아니와 모리스는 1983년 발레 《디오니소스》 작업을 위해 처음 만난 이후 친구가 되었고, 열두 편의 발레작품을 함께 만들었다.

'고마워요 지아니, 사랑해요'라는 타이틀의 이 기념공연은 2막으로 구성되었다. 1막에서 댄서들은 베르사체의 의상들을 입었는데, (현재 베르사체그룹을 이끌고 있는) 도나텔라 베르사체가 새롭게 디자인해 선보였다. 도나텔라는 "발레는 오빠가 정말 좋아하는 것 중 하나였어요. 이보다 더 좋은 기념행사는 없을 겁니다"라고 말했다.

2막은 지아니 베르사체가 의상을 담당했던 모리스 베자르의 발레메들리로 꾸며졌다. 《디오니소스》, 《말로 혹은 신들의 변신》, 《레닌그라드의 추억》, 《샤카 줄루》, 《피라미드》 같은 발레작품들로부터 발췌한 장면들과 오리지널 의상으로 구성되었다.

이날 공연에는 나오미 캠벨, 클라우디아 쉬퍼, 칼 라거펠드, 루퍼트 에버릿, 제시카 알바 등 패션모델들과 연예계 스타들이 참석했다.

지아니는 모리스와 작업할 때, 모리스가 선호하는 시각적 효과와 다양한 역사적 윤리적 관점 등이 복합된 스타일로 춤작품을 돋보이게 했다. 그는 짙은 색상과 화려한 장식으로 아름다움을 드러

내면서 스펙터클한 작품에 대한 베자르의 개념을 이상적으로 표현했다.

* * * * * *

베르사체가 의상을 맡았던 베자르의 작품 중에는 또한 《삶을 위한 발레》가 유명하다. 베르사체가 죽기 몇 달 전인 1997년 1월에 파리에서 초연한 이 작품은, 베자르가 좋아했던 락가수 프레디 머큐리를 기리는 것이었다.

〈It's A Beautiful Day〉로 시작하는 공연에는 〈I Was Born To Love You〉, 〈Bohemian Rhapsody〉, 〈I Want to Break Free〉, 〈The Show Must Go On〉 등 그룹 퀸(Queen)의 히트곡들과 더불어 모차르트의 곡들이 삽입되었다. 차이코프스키나 스트라빈스키 같은 발레음악가들의 곡이나 베토벤이나 모차르트 같은 클래식이나 퀸의 대중가요나 베자르에게는 모두 똑같은 음악일 뿐이었다.

그런데 이 작품은 또 한 사람, 바로 '베자르의 댄서'였던 조르주 동을 기리는 것이기도 했다. '조르주 동' 하면 제일 먼저 '볼레로'가 떠오른다.

베자르가 안무한 《볼레로》는 동의 대표작이자 불멸의 춤작품이다. 라벨의 곡을 반주로 한 이 작품은 무대 중앙에 커다란 둥근 탁자가 있고 그 위에서 동이 홀로 춤춘다. 고조되는 음과 함께 탁자 주위로 무용수들이 빙 둘러서 늘어나고 마침내는 집어삼키듯 증폭되는 분위기에 빠져들게 된다.

《볼레로》는 본래 변두리 술집을 배경으로 (창부 같은) 여자가 주변 남자들의 욕망을 한 몸에 받아 절정에 이르는 과정을 표현한 것이라고 한다. 그 여성의 역을 조르주 동이 맡았는데, 그는 특유의 관능성과 매력으로 사람들을 사로잡았던 것이다. 이후 '볼레로=조르주 동'이라는 등식이 만들어졌다.

1981년에 제작된 클로드 를르슈 감독의 영화 〈사랑과 슬픔의 볼레로〉의 마지막에 조르주 동이 볼레로를 추는 장면이 나오는데, 이로써 그는 베자르뿐만 아니라 우리들에게도 영원히 죽지 않은 댄서로 남아 있다.

조르주 동과 프레디 머큐리는 모두 45세의 나이로 요절했다. 베자르는 "조르주와 프레디는 매우 다른 성격이었지만, 삶에 대한 열정만큼은 같았다. 또 공연에 있어서 매우 적극적인 이들이었다. 나는 그들의 연결점을 찾았다"고 언급한 바 있다. 아마도 그것은 예술, 삶, 죽음, 사랑이 아닐까. 이렇게 《삶을 위한 발레》는 사랑, 두려움, 희망, 유머 등 일련의 감정들을 불러일으키고, 우리 각자의 삶에 대해 생각하게 만든다.

* * * * * *

모리스 베자르는 1927년 1월 1일 프랑스 마르세유에서 태어났다. 파리와 런던에서 수학했고, 스웨덴의 쿨베리발레단 등을 거쳐 1953년 장 롤랑과 함께 에뚜왈발레단(1957년에 파리발레시어터로 개칭)을 결성했다.

첫 안무작 《고독한 남자를 위한 교향악》(1955)으로 높은 평가를 받았고, 1959년 벨기에의 브뤼셀오페라극장을 위해 안무한 《봄의 제전》이 성공을 거두자 그곳의 지원을 받아 이듬해 '20세기발레단'을 만들어 자신의 독특한 스타일을 펼쳐나갔다. 이 발레단은 1987년 스위스의 로잔으로 본거지를 옮겼고(로잔베자르발레단으로 개명), 베자르는 그곳에 정착했다.

그는 전통적인 발레공연을 타파하고 '토탈시어터(총체극)'을 지향했다. 그래서 극적 요소가 강하고 관능적이며 거창한 무대연출을 선호했다. 또한 시대적 흐름에 걸맞은 버라이어티쇼 같은 스펙터클에 치중하며 스캔들을 두려워하지 않은 작품 스타일로 한 시대를 지배한 무용가였다.

왜 그렇게 쇼킹한 공연을 연출하느냐는 질문에, 베자르는 대답했다.

"인간이란 안이함에 쉽게 빠지기 마련입니다. 사람은 '충격' 덕분에 그 틈 사이로 진실을 엿볼 수 있게 되지요. 그래서 인간의 안이한 성향과 싸우지 않으면 안 됩니다. 내가 충격을 주는 것은, 진실이라는 것이 존재하기 때문이에요. 단지 그뿐입니다."

그는 시대의 진실을 추구하는 안무가였다.

베자르는 20세기 현대의 모든 안무를 종합한 것 같은 무대를 선보였다고 평가받는다. 동시대의 개인과 사회 문제를 모두 작품의 주제로 다룰 줄 알았으며, 무엇보다 육체의 움직임이야말로 우리가 살고 있는 시대의 본질을 드러낼 수 있는 방법이라고 믿었다.

또한 그는 춤에 있어서 리듬을 만들어내는 일이 중요하기 때문에 무용가들이 음악의 구성이나 구조에 대해 잘 아는 것이 필요하다고 역설했다. '침묵(silence)'이 음악의 본질적인 면이라고 할 때 침묵 속에서도 춤출 수 있어야 한다고….

* * * * * *

모리스 베자르는 2007년 11월 22일 스위스 로잔의 한 병원에서 숨을 거뒀다. 우리 곁을 떠나, 조르주 동과 프레디 머큐리와 지아니 베르사체 곁으로 갔다. 20세기 문화의 한 단면에 충격과 혁신을 가져다준 한 사람 — 그가 무용가였다는 게 자랑스럽다. 굿바이, 베자르!*

*로잔베자르발레단(Béjart Ballet Lausanne)은 2001년 11월 3~5일 세종문화회관에서 첫 내한공연을 가졌는데, 그때 공연작이 모리스 베자르(Maurice Béjart)의 《삶을 위한 발레(Ballet for Life)》였다.

길모퉁이 카페에서 드가를

무심한 표정의 무용수들, 어딘가 지쳐 보인다.

드가의 그림을 보고 있으면, 그들이 춤추는 광경을 상상하게 된다.

그리고 정말 궁금해진다. 그가 본 춤은 무엇이었고,

무용수들을 통해 그가 하고 싶었던 이야기는 무엇일까?

대학로 안쪽 골목길 모퉁이에 와인바를 겸한 북카페가 있다. 거기에선 샌드위치와 커피가 런치스페셜로 제공되는데, 메뉴가 괜찮은 것 같아 자주 가곤 했다.

공연예술의 메카로 알려진 대학로에는 극장보다 레스토랑과 카페가 훨씬 더 많다. 늘 사람들로 붐비고 시끌벅적해서 금세 피로를 느끼게 되지만, 그건 저녁때의 이야기다. 평일 오전에는 거리와 카페 모두 한산해서 커피 한 잔으로도 자리를 오래 차지할 수 있다.

커피 중에서 카푸치노를 자주 마신다. 부드러운 우유거품 감촉이 좋다. 커피 마니아인 P는 언젠가 내게 알려줬다. "각설탕 하나를 떨어뜨리면 천천히 녹기 시작해. 거의 다 녹았을 즈음 마셔봐. 야릇한 달콤함, 카푸치노의 색다른 맛을 느낄 수 있을 거야."

하지만 커피는 쓴맛으로 마시는 거잖아. 달짝지근한 게 싫어 카페모카도 안 마시는데. 커피의 쓴맛은 여러 종류가 있는 것 같아. 그게 어딘지 인생의 쓴맛들과 닮은 것 같지 않니?

P는 전문가의 말을 귀담아 듣지 않은 내게 충고했다. "한 가지 맛에 길들여지는 건 별로 좋지 않아. 특히 커피는 변화를 줘서 마셔보면…. 그리고 — 인생에는 단맛들도 있잖아? 넌 달콤한 맛을 느껴볼 필요가 있다고!"

쓰디쓴 커피에서 단맛을 느끼라니.

그곳 북카페는 외국에서 출간된 예술도서를 구비하고 있다. 특히 외국어를 몰라도 전혀 상관없는 화보집들. 지인과 점심약속이 있어 오랜만에 그곳에 들렀다. 그를 기다리는 동안 책을 둘러보는데, 그때 에드가 드가의 화집이 눈에 들어왔다.

* * * * * *

'무희(舞姬)의 화가'로 명성을 날렸던 드가. 그는 40여 년의 작품활동 기간 동안 댄서들의 이미지를 화폭에 담았다. 과연 그가 본 춤은 어떤 것이었을까?

사실 드가 그림들의 초점은 춤이라기보다는 대부분 무희, 즉 여성무용수에 있다. 그리고 춤을 추고 있는 것 같지 않다. 대부분 스트레칭을 하거나 리본을 만지거나 의상을 고치고 있다. 또는 무대 사이드에서 대기 중이거나 휴식을 취하고, 서로 이야기를 나누거나 아니면 무대를 지켜보고 있다.

그런 모습들을 통해 드가가 하고 싶었던 이야기는 무엇이었을까? 이렇게 '드가와 춤'이라는 주제는 미술관이 기획하는 전시회에 자주 등장한다. 그래서 많은 스토리가 쌓인다. 계속해서 새롭게 해석되고, 다른 예술에 영감을 줄 수 있는 것 역시 드가 그림의 힘이다. 무엇보다 그 그림들이 당시 파리 예술계의 한 단면을 '기록'하고 있다는 점도 중요한 관심거리다.

* * * * * *

드가가 그린 그림들의 배경은 파리오페라극장이다. (뮤지컬 〈오페라의 유령〉에 나오는 바로 그 극장이다.) 1870년대 드가는 파리오페라극장의 리허설룸에 출입하기 시작하면서 부쩍 발레그림을 많이 그렸다.

〈오페라극장의 무용실〉을 비롯해 '댄스 클래스'라는 제목의 여러 그림들을 보면, 연습을 하려고 모여 있는 무용수들이 바에 다리를 곧게 뻗고 있거나 구석에서 쉬고 있는 모습을 볼 수 있다. 그 중 한두 명은 막 춤을 추기 시작하려는 듯한 자세를 취하고 있다. 이 작품들 속에서 드가는 거울에 비친 영상을 통해 그림의 영역을 초월하는 동작을 암시하고, 또 열린 문을 통해 옆방의 단면과 움직이고 있는 인물을 슬며시 보여주면서 끝없이 정진해야 하는 무용수들의 노력을 은유적으로 표현하기도 했다.

많은 이들이 초기 무용실의 정경을 그린 작품 가운데, 로맨틱발레의 대표작 《지젤》을 안무한 쥘 페로의 모습이 들어 있는 그림을 좋아한다. '무용교실' 혹은 '무용수업'으로 알려진 이 작품은 여러 번 수정을 거쳐 1876년 완성되었다. 여기서도 무용수들 대부분 편안한 포즈로 자유롭게 휴식을 취하고 있다. 부채질을 하거나 피아노에 앉아 등을 긁고 있고, 또는 의상을 살피거나 딴 곳을 쳐다보는 그들의 행동은 하나같이 자연스럽고 아름답다.

드가 그림에서 두드러진 또 하나의 관심사는 이 여성들을 보고 있는 무감각한 부유층 남자들, 즉 극장 관계자들과 후원자들이다.

19세기 후반 새로 개관한 파리의 오페라극장은 (단순히 건물이 아니라) 도시사회 계급을 형성하며 그 중심을 차지했다. '도시 안의 도시'로 불릴 만큼 오페라극장에는 수천 명의 직원이 있었다. (나폴레옹3세 때인 1875년, 건축가 샤를 가르니에가 설계한 파리오페라극장은 발레와 오페라 전용으로 '가르니에극장'이라는 별칭이 있다.)

오페라극장은 예술에 꿈을 품은 젊은 여성을 찾는 부유한 남자에게는 매력적인 장소였을 것이다. 그래서 극장의 정기 후원자들은 전용 좌석 이상의 특권을 누렸는데, 그들은 자신이 후원하는 발레리나들과 어울렸고 무대 뒤편에도 종종 모습을 드러냈다. 무대 외의 공간은 이들의 은밀한 유희장소였을 것이다.

가령 드가의 〈악마 로베르〉 그림을 보자. 1831년 지아코모 마이어베어가 연출한 오페라 〈악마 로베르〉에 등장하는 발레장면(3부에 '수녀들이여, 누가 잠들어 있는가'라는 발레가 등장하는데, 이는 로맨틱발레의 시초로 여겨진다)을 그린 이 작품에서, 무대 위 춤추는 이들은 빛과 동작으로 얼룩져 있다. 그리고 초점은 극장 앞쪽에 있는 남성 관객들에게 집중되어 있다. 극장에서 주로 사교생활을 하던 도시 남성, 이 후원자들은 공연에는 관심이 없다. 또 다른 그림들에서도 이러한 검은 정장의 신사들이 종종 등장하는데, 기부자들의 다소 호색적인 의중을 바라보는 드가의 시각이 엿보인다.

* * * * * *

드가는 초기 파리오페라극장의 무용수들을 작품의 소재로 삼아 그림을 그리기 시작했고, 말년에 이르러서는 그들을 순수한 형태의 상징으로 다루었다. 드가는 진실이 담긴 발레의 세계를 보여줌으로써 발레리나들이 명성을 쌓는 데 기여했고, 이 사실적인 발레그림들을 통해 대중이 춤과 무용수들에 친숙해지기를 원했다고 한다.

춤을 주제로 한 작품 그 어디에서도, 드가가 어여쁘고 감상적인 그림을 요구하는 화랑 상인들의 눈에 들려고 노력한 흔적은 없다. 가령 〈열네 살의 어린 무용수〉란 조각 작품은 무용수의 원숭이처럼 튀어나온 턱과 고르지 못한 둔부의 경사 그리고 축 늘어진 배를 분명하게 표현했다.(여윈 발과 흉할 정도로 큰 손까지!)

1881년 당시 '추한 현실주의'라고 통렬히 비난받았던 이 작품은 드가가 생전에 유일하게 전시한 조각품이다. 사후에 작업을 거쳐 지금은 청동으로 보존되고 있지만, 드가는 피부색과 유사한 톤의 밀랍으로 인형을 빚은 후 가발을 씌우고 무용복을 입히고 천으로 된 무용슈즈를 신겼다고 한다. 당시 천박하다며 비난을 받았을지 모르지만, 그 몸매와 표정과 자세가 모두 감동이다. 무용수로서의 자부심과 삶의 진실이 전해지니까.

드가의 발레 그림과 조각 작품에 주목하는 것은 바로 그런 점이다. 결코 감상에 빠지지 않았다는 것! 드가는 발레리나의 화려한 모습 대신, 우아하거나 아름답지는 않지만 의미있는 모습에 관심을 가졌다. 연습을 마치고 잠깐 쉬면서 발목의 피로를 푸는 무용수의 포즈나 편안하게 가죽끈을 매고 휴식시간에 물을 마시는 모습 등.

한편으로 이 모습들은 어떤 규율이나 틀을 벗어난 자유로움을 예고하는 것 같다. 당시 파리오페라극장의 무용수들은 사회적으로나 구조적으로나 그다지 자유로운 처지는 아니었을 것이다. 드가는 생활고에 시달리는 가난한 노동자계층이 대부분이었던 그 여성들의 가장 자발적이며 자연스러운 제스처와 자세를 포착했다.

프랑스의 시인 폴 발레리는 "드가에게는 말없는 몸짓에 대한 기이한 감수성이 있었다. 무희나 세탁부들을, 드가는 그녀들이 의미있는 직업적 태도를 취했을 때 포착했다. 그것은 드가에게 육체에 대한 비전을 새롭게 해주었으며, 그 이전에는 화가들이 매달리지 않았던 숱한 포즈를 분석할 수 있게 해주었다"고 말했다.

드가는 발레리나가 그저 돈 많은 남성들의 유희의 대상이 아님을 각성시키려고 했던 것일까? 무관심한 듯 혹은 지친 듯한 연습실에서의 무용수를 통해 드가가 드러내고자 했던 것은 진정 무엇이었을까?

이렇게 '드가와 춤(혹은 무희)'은 영원히 계속되는 테마로 남아 있을 것이다.

* * * * * *

부드러운 카푸치노를 마시고 드가의 그림들을 보며 화가와 시선을 같이 해본다. 나는 오늘날 우리 무용수들의 일상을 어떻게 그릴 수 있을까. 아무리 생각해봐도 인생은 정말 쓴맛이다. 삶은, 예술은, 그렇게 달콤하지 않다고!*

*폴 발레리(Paul Valéry)가 지은 『드가 · 춤 · 데생』(김현 옮김, 열화당, 2005)에서 조각품 〈열네 살의 어린 무용수〉 등을 볼 수 있다. 미국 작가 캐럴린 메이어는, 이 조각품의 모델이었던 '마리 반 괴템'의 삶을 재구성한 소설 『춤추는 마리』(한정아 옮김, 문학동네, 2010)를 썼다.

누레예프를 좋아하세요

20세기 발레리나의 이상형으로 꼽히는 마고트 폰테인.
영국 로열발레단의 톱스타였던 그가 마흔이 되어 그만 발레를 떠나려고 할 때
그 앞에 한 남자가 나타났다. 남자의 거칠고 야성적인 카리스마는
꺼져가는 발레리나의 예술혼을 부활시켰는데….
그가 루돌프 누레예프다.

“타인에게 피해를 주지 않는 한, 나는 나를 파괴할 권리가 있다.” 마약 소지 혐의로 기소되었을 때 프랑수아즈 사강이 한 말이다.

〈슬픔이여 안녕〉, 〈브람스를 좋아하세요〉 등 젊은 날의 감성적이며 경쾌한 필치로 독자를 사로잡았던 프랑스 작가, 그의 에세이집 『고통과 환희의 순간들』(최정수 옮김, 소담, 2009)이 새로 출간되었다.

거기서 루돌프 누레예프를 만났다. 사강은 인생과 사랑과 고독을 감미롭게 그려낼 줄 아는 작가, 그는 누레예프와의 짧은 만남 속에서 이미 그 남자의 예술과 사랑과 고독을 모두 읽어내고 말았다.

“우리는 내가 모르는 도시인 암스테르담에서 역시 내가 모르는 사람인 루돌프 누레예프와 만나기로 약속했다. 그때는 3월 초였고, 그 평화로운 도시와 운하에 비가 억수같이 쏟아지고 있었다.”

글은 이렇게 시작한다. 그리고 그는 “그 유명한 사람과 무슨 이야기를 나눠야 할지 궁리하며 걱정스러워했다.” 사강은 그에게 경탄의 마음을 갖고 있었지만 그것은 발레애호가로서 즉, 춤에 대한 견식 있는 경탄이 아니라 누레예프가 무대에서 보여준 아름다움에 한정되었다고 쓰고 있다.

* * * * * *

이미 우리는 '루디'(루돌프 누레예프의 애칭)의 전설을 충분히 들어 왔다. 그는 한 시대 발레무대를 지배했으며 대중적으로도 인기 있는 대스타였고, 그 위력은 대단했다. 사강의 말처럼 그가 무대 위에서 도약했을 때 그것은 '솟아올랐다'는 표현이 맞고, 스텝도 다른 사람이 흉내도 못낼 만큼 훨씬 더 활기차고 힘이 있었다. 그의 야성적인 매력은 타타르족이라는 출신에서 비롯된 것인지도 모른다.

1938년 3월 17일 시베리아에서 태어난 루디는 1955년 열일곱이라는 늦은 나이에 상트페테르부르크의 바가노바아카데미에 진학한다. 어릴 때부터 외모나 기질이 평범하지 않았던 그는 졸업 후 키로프발레단에 입단한다. 1961년 발레단이 서유럽 순회공연을 마치고 파리공항에서 귀국길에 오르던 중, 그는 갑자기 프랑스 경찰 쪽으로 몸을 날렸다.

"나는 새장 속의 새와 같았다. 새는 날아야 한다. 날아서 이웃집 정원도 보고 그 너머 뭐가 있는지도 알아야 한다"며 극적으로 망명한 순간, 그의 나이는 스물셋. 제2의 인생이 시작된다. 그 누구도 그의 자유를 막을 수 없었다. 그는 세상을 누비며 날아올랐다. 오로지 단 하나, 바로 '춤'으로!

망명 순간부터 루디는 화젯거리였다. 특히 1960년대 동서냉전의 시대 사회분위기와 맞물려 엄청난 반향을 일으켰다. 언론은 그에게 집중했고, 폰테인과 함께 춤추었던 영국에서는 연예인 이상의 인기를 누린 대중의 슈퍼스타였다.

그는 흠이 하나도 없는 완벽한 테크니션은 아니었지만 항상 무대를 장악했다. 점프며 리듬감이며 스텝이며 모든 움직임이 새로운 감각이었다. 실수와 잘못이 있음에도 불구하고 관객은 그에게 흥분했는데, 이 같은 매력은 동작 하나하나를 살려내는 에너지와 관능적이며 야성적인 외모 덕분이었다. 그는 관객을 항상 긴장하게 만들었고 그럼으로써 흥미진진한 공연을 펼쳤는데, 한마디로 쇼맨십 기질이 남달랐다.

* * * * * *

누레예프와의 만남에 대해 사강은 계속 이야기한다. 할 말을 찾지 못해 서먹한 분위기, 사강은 누레예프의 태도에 무기력해지고 새벽까지 붙잡고 있으면서 피곤하고— . 그래서 조금 실망한 채 호텔 의자에 마주 앉아서, "… 누레예프에게 … 당신은 사람들을 사랑하냐고, 당신의 삶을 사랑하냐고 물었다." 그러자 "아까 그 빈정거리고 신랄했던 얼굴이 갑자기 무장해제되더니, … 자신이 받을 수 있는 모든 질문에 활짝 열린 얼굴이 되었다."

그리고 이야기가 이어진다. 누레예프는 여섯 살 때 고향 시베리아의 벽지에서 《백조의 호수》 공연을 보고 무용수가 되기로 결심했다고 한다. 그는 러시아에서도 훌륭한 무용수로 인정받았지만, 유럽으로 순회공연을 떠났던 동료들이 다른 사람들이 추는 춤을 담은 필름을 보여주었을 때 충격을 받았다. 그렇게 그는 새로운 예술을 갈망했던 것.

사강은 어느 오후 암스테르담의 한 스튜디오를 찾는다. 연습하고 있는 누레예프를 보기 위해. 스튜디오 풍경, 누레예프의 외모, 바흐의 음악…, 미소를 짓고 포즈를 취하고 거울에 비친 자신의 모습을, 마치 낯선 사람을 보듯 바라보는 누레예프를 묘사한다. 그리고 음악을 틀고 "허공을 향해 육체를 던지는" 그를 바라본다.

"한 육체에서 연합된 남자다움과 우아함이 거울에 비쳤다. … 마치 내면의 몽상 속에서 우리가 알지 못하는 신들의 힘에 휩쓸리는 것만 같았다."

* * * * * *

루디의 기질은 일반 대중이 춤에 관심을 갖도록 만들었다. 루디에 대한 열광은 그의 춤에 대한, 그리고 발레라는 예술에 대한 열광이나 다름없었다. 그렇게 해서 발레는 일반 대중들에게도 한 발짝 더 가까운 장르가 되었다. 모름지기 스타란 그 장르와 사람들을 연결해주는 기폭제이면서 촉매이니까.

무엇보다도 그는 러시아의 유산이었던 클래식발레를 서유럽에 전해주었다. 클래식발레가 현대에서 살아있는 그 무언가가 되기 위해서 어떻게 해야 하는지, 오늘날의 발레무대가 과거의 작품을 그대로 보여주기만 하는 그런 장소가 아니라는 것을, 그의 몸 그리고 그의 춤은 보여주었다.

하지만 루디는 정치사회적으로 몹시 불행한 시절, 그러한 환경마저도 운명인 듯, 그렇게 시련을 온 몸으로 이겨내야 했다. 루디는 세계 도처에서 춤을 추었다. 승승장구하며 찬란한 명성을 쌓지만 그럴수록 고독의 크기가 커지는 고통도 예술가의 삶 아닌가. 그는 친구도 많았고 사랑도 많았지만 예술은 늘 그를 외롭게 했다. 춤을 추고 있지 않을 때 그는 정상적인 생활을 못했던 것 같다.

망명 25년만인 1986년, 병동에 있던 어머니를 상봉하기 위해 구소련 당국의 허가를 받아 모스크바를 일시 방문한 적이 있었을 뿐 반평생을 타향에서 떠돌았다. 그런 그에게 춤은 고향이며 자유이며 자신의 존재 그 자체였다.

그리고 1993년 1월 6일, 루디의 화려하지만 고독했던 인생은 막을 내렸다. 그는 1997년 러시아 정부에 의해 사후 복권되었다.

* * * * * *

사강은 그 남자에 대해 정의 하나를 찾아내며 글을 마친다.

"타이츠를 입은 외롭고 아름다운 남자. 발끝으로 선 채 의심쩍어하면서도 감탄하는 눈길로 흐린 거울 속을, 자기 예술의 영상을 응시하는 반라(半裸)의 남자."*

*루돌프 누레예프(Rudolf Nureyev)의 생애와 예술은 미국 작가 콜럼 매칸(Colum McCann)의 장편소설 『댄서』(성귀수 옮김, 작가정신, 2006)에서 엿볼 수 있다.

《다이애나 왕세자비》와 덴마크 발레

엘튼 존의 노래를 들으며

언론에서 다이애나비(妃) 10주기라고….
영국 왕세자비였던 다이애나의 비극적인 죽음이 떠오른다.
그는 1997년 8월 31일 파리에서 불의의 자동차사고로 목숨을 잃었다.
그리고 독일의 한 도시에 있었던 나는 그 사건(?)에 말려들었다.

빨랫감을 들고 그 시간 아무도 없던 동네 무인 빨래방을 찾았다. 한쪽에 걸터앉아 세탁기 돌아가는 것을 물끄러미 바라보며 무료하게 빨래가 끝나기를 기다렸다.

그때 한 중년 여성이 흐느끼며 들어오더니 내게 말했다. "다이애나가 죽었다." 뭔 소린지…. 아무 반응이 없는 내게 다시 말했다. "다이애나가 죽어 너무 슬프다. 흑흑." 내가 아는 사람인가? 혹시 그 유명한 영국의 다이애나 왕세자비를 말하나?

하여튼 그리 슬퍼하는 아주머니를 보면서도 독어를 못해서 입을 다문 채 가만있었다. 그런데 당시 내 눈에는 그 아주머니의 슬픔이 좀 과장된 것처럼 유난스럽게 보였다. 한번 만나보지도 못한 사람일 텐데 죽었다고 저렇게 슬퍼할 수 있을까. 아주머니는 내가 못 알아듣는다고 생각해서였는지 빨랫감을 찾아 그냥 돌아갔다.

외모도 그렇겠지만, 무엇보다 그 나라의 언어를 모르면 철저하게 이방인이 된다. 다이애나 사망소식은 연일 매스컴에서 이슈였지만, 그 소란을 피할 수 있었던 건 순전히 머물고 있던 나라의 언어를 잘 몰랐기 때문이다.

하지만 그게 끝이 아니었다. 마치 크리스마스시즌 도심지에서 캐럴이 끊이지 않은 것처럼, 시내에서는 추모노래가 끊이지 않았다.

도시 전체에 울려 퍼지는 것 같았다. (유명인사의 죽음을 이용하는) "다 장삿속이다"라고 속으로 비난했지만 — 결국 나도 그 CD를 사고 말았다. 타이틀은 'In loving memory of Diana, Princess of Wales'.

런던 시가지를 잇는 긴 장례행렬에 쏟아지는 애도의 물결, 런던 시내는 꽃으로 뒤덮였고 슬픔은 커져갔다. 웨스트민스터 사원에서 있은 장례식에서 엘튼 존이 피아노를 치며 다이애나에게 바치는 〈Candle in the Wind〉를 불렀다. (신성한 곳에서 팝가수가 노래하는 것을 버킹엄 궁에서는 말렸다지만) 눈물을 애써 참으며 열창하는 엘튼 존, 안타깝게 죽은 친구를 그리워하는 마음이 진심으로 전해졌다.

그렇게 해서 나는 당시 다이애나비 사망사건에 대한 전말은 하나도 모른 채 엘튼 존의 음악을 들으며 눈곱만큼의 친분도 없던 사람의 추모물결에 휩싸였던 것. 언어보다 강한 음악의 힘이라고 해야 하나 — 이것이 그때 그 사건이다.

* * * * * *

몇 해 전, 덴마크의 안무가 페터 샤우푸스가 다이애나를 추모하는 발레작품《다이애나 왕세자비》를 공연해서 화제였다. 이 안무자는 고인과 친분이 있었다며 어쩌고저쩌고….

실제로 다이애나는 발레를 후원했던 유명인사 중 한 명이다. 샤우푸스가 1980년대 영국국립발레단 예술감독으로 재직하고 있을 때 다이애나는 발레단의 스튜디오에서 무용레슨을 받기도 했는데, 1989년에는 발레단의 공식 후원자가 되었다. 영국국립발레단 40주년 기념 갈라공연에 직접 출연해 춤을 추고 홍보 포스터에 자진해서 등장할 정도로 돈독한 관계를 유지했으며, 또 주변사람들과 비공식적으로 극장을 찾아 즐겨 발레공연을 보았다고 한다.

1997년부터 덴마크에서 개인 무용단을 꾸려 활동하고 있는 샤우푸스는 "《다이애나 왕세자비》는 단순히 전기물이 아니다. 다이애나비 삶의 단면을 보여주는데, 그와 왕실 간의 충돌이 주제라고 할 수 있다"고 밝혔다.

익히 알고 있는 다이애나의 삶, 가령 남편 찰스 왕세자와의 불화, 시어머니인 엘리자베스 여왕과의 갈등, 두 아들을 사랑하는 어머니로서의 모습, 에이즈 퇴치 등 사회운동, 애인 도디 알 파예드와 함께 한 죽음 등이 펼쳐진다고…. 작품에서 찰스 왕세자는 차갑고 우둔한 인물로 묘사되고, 다이애나 왕세자비는 왕실을 향한 처절한 몸부림을 통해 상처받은 존재, 일종의 희생양으로 그려진다.

샤우푸스는 이전에도 엘비스 프레슬리와 비틀즈 등 인기스타를 발레작품으로 안무했는데, 다이애나 역시 소설, 영화, 뮤지컬, 연극 등 문화산업으로 계속 재생산될 아이콘임은 분명한 것 같다.

* * * * * *

무용가 부모를 둔 페터 샤우푸스는 1949년 4월 26일 덴마크 코펜하겐에서 태어났다. 유년시절 극장에서 살다시피 한 그는 일곱 살 때부터 덴마크왕립발레학교에서 수학하고 이후 발레단에 입단했다. 그는 견문을 넓히기 위해 1967년 캐나다로 떠났다.

1970~80년대를 대표하는 뛰어난 남성무용수였던 샤우푸스는 캐나다국립발레단, 뉴욕시티발레단에서 객원무용수로 활약했으며 독일오페라발레단에 예술감독으로 초빙되는 등, 여러 단체를 오가며 활동범위를 넓혔다. 샤우푸스 자신은 특정한 무용양식의 대변자로 역할이 정해지는 것을 원하지 않았지만, 폭넓은 활동을 통해 '부르농빌 스타일'을 세계에 알리는 데 기여했다.

* * * * * *

덴마크 발레는 이른바 '오귀스트 부르농빌'로 대변된다. 1784년 설립된 덴마크왕립발레단은 매우 유서 깊은 단체다. 왕립극장 발레감독의 아들로 태어난 부르농빌은 부설 발레학교에서 수학하고 발레단에 입단하지만, 프랑스의 저명한 무용가였던 오귀스트 베스트리스에게 배우기 위해 파리로 건너갔다.

그는 파리오페라발레단에서 무용수로 활동하다 1830년 코펜하겐으로 돌아와 발레단을 이끄는데, 반세기가량 단장으로 있으면서 덴마크 발레의 기틀을 확고히 했다. 특히 당시 파리에서 로맨틱발레 강세로 여성무용수들이 인기가 있을 때 힘 있는 테크닉을 개발하고 작품에서 남성 역의 비중을 높여 남성무용수들을 키워내는 데 주력했다. (20세기에도 세계 남성발레는 러시아와 덴마크 출신이 강세였다. 캐나다국립발레단 단장이었던 에릭 브룬과 현재 뉴욕시티발레단의 단장 피터 마틴즈도 모두 덴마크왕립발레학교 출신이다.)

부르농빌은 친구였던 동화작가 안데르센처럼 인간의 본성이 선하다는 신념이 있었고 낙천적인 스타일이었다. 그는 아카데믹한 발레테크닉과 민속무용을 결합해 작품을 만들었는데, 《나폴리》(1842), 《옛날이야기》(1854), 《겐자노의 꽃축제》(1858) 등 대부분 밝고 활기찬 서민의 생활과 감정을 담았다.

덴마크왕립발레단은 부르농빌의 유산, 즉 러시아 클래식발레 이전의 작품과 발레스타일을 보존하고 있다는 데 의의가 있다. 세계 발레사에서 부르농빌 발레는 하나의 다른 양식이라고 할 수 있지만, 그것은 프랑스의 로맨틱발레와 밀접하게 연결되어 있다. 가령 1832년 필리포 탈리오니가 안무한 《라 실피드》는 1836년 부르농빌의 재안무로 오늘날까지 전해졌다.

《라 실피드》는 로맨틱발레의 개념을 만들어 냈다고 할 만한 작품이다. 여성무용수가 발레의 중심이 되는 계기가 되었는데, 그들의 하얗고 나풀거리는 의상이라든지 발끝으로 서는 포앵트 기법은 공기처럼 가벼운 무중력 상태, 지상을 떠도는 요정의 이미지를 만들어냈다. 도달할 수 없는 미지의 곳에 대한 동경, 그 낭만주의적 이상을 대변해주는 작품으로서, 이러한 이념은 1841년 파리에서 장 코랄리와 쥘 페로가 안무한 《지젤》에서 절정을 이루었다.

클래식발레를 본다는 것

나풀거리는 하얀 망사치마를 입고 발끝으로 공중을 떠다니는 가녀린 요정,
사랑의 죽음에 도취되어 마치 꿈꾸는 듯 펼쳐지는 신비로운 환상의 세계…
누구나 한번쯤 빠져들고 싶을 정도로 매혹적인 그것은?
로맨티스트들의 꿈, 바로 '발레'다.

발레의 낭만적인 이미지는 현실도피적 성향이 짙었던 19세기 유럽 낭만주의시대에 탄생했다. 낭만주의의 도도한 물결에 따라 일어난 발레붐은 시대를 주도했고, 그 열광의 중심에는 순수한 영혼의 상징 '발레리나'들이 있었다. 하지만 시대는 변하고 사회에 새로운 기운이 일어나면서 로맨틱발레의 인기도 사그라진다. 스타들은 사라졌고, 유행이 지난 발레는 한갓 묘기 수준의 눈요깃거리로 전락하는데….

그 꺼져가는 발레의 불꽃을 살려낸 이가 있었으니, 그가 바로 마리우스 프티파다. 그리고 그 불꽃이 다시 타오르기 시작한 곳은 러시아였다. 발레가 서유럽에서 몰락하고 있을 때 러시아 황실은 유럽의 쟁쟁한 안무가와 발레교사들을 상트페테르부르크로 불러들인다. 스물아홉의 프랑스 젊은이 프티파도 마린스키극장의 무용수로 러시아에 첫발을 내딛는다.

* * * * * *

마리우스 프티파는 1818년 3월 11일 프랑스 마르세이유에서 태어나, 1910년 7월 14일 (현재 우크라이나공화국의) 크림 구르주프에서 사망했다. 그는 아버지에게 무용교육을 받았고 열세 살에 브뤼셀에서 데뷔했으며, 가족과 함께 유럽 전역과 북미까지 순회공연을 다녔다. 그는 1847년 상트페테르부르크로 이주해서 무용수로 활약하는 동시에 쥘 페로 밑에서 안무보조로 수련했다. 1862년 첫 안무작 《파라오의 딸》을 선보였고, 마침내 발레마스터로 임명되자 자신만의 안무양식을 확고히 다지기 시작했다.

프티파는 92세의 나이로 죽을 때까지 《잠자는 숲속의 미녀》, 《백조의 호수》, 《라 바야데르》, 《라이몬다》, 《돈키호테》 등 걸작들을 만들며, 발레의 고전양식을 탄생시켰다. 그렇게 프티파로부터 '발레=러시아'라는 역사의 서막이 오르고, 모든 클래식발레는 완성된다.

* * * * * *

프티파는 발레에 위계질서를 포함한 엄격한 형식을 부여함으로써 클래식발레의 양식을 규정했는데, 이는 당시 관객층이었던 (또한 후원자였던) 황실과 귀족의 취향을 고려한 것이다. 또 프티파는 화려하고 이국적인 의상과 장치, 고난도 테크닉과 호화찬란한 볼거리 등을 연출했고, 이 같은 웅장한 규모의 (여러 막으로 구성되어) 길이가 긴 작품이 클래식발레의 특징이 되었다. (내용이나 안무 구성에서는 여전히 로맨틱발레의 특성들이 포함되어 있었다.)

그는 줄거리와 상관없이 다채로운 춤을 보여주는 '디베르티스망'(독무 등)을 도입했고, 남녀 주역무용수들의 화려한 발레기교를 보여주는 '그랑파드되'(2인무)를 만들었으며, 낭만적 배경을 위해 삽입되었던 '꼬르드발레'(군무)를 웅장한 볼거리로 개발했다. 이러한 양식을 완성하기 위해 프티파는 또한 고난도 테크닉들을 발전시켰다.

클래식발레에는 항상 결혼식이나 무도회 같은 장면이 등장하는데, 극의 줄거리와 상관없이 독특한 춤을 선보이며 관객을 즐겁게 하는 디베르티스망을 위한 것이다. 《잠자는 숲속의 미녀》 결혼식 장면에서 파랑새, 장화신은 고양이 등 동화 속 주인공들이 나와 추는 춤, 《백조의 호수》 궁정무도회 장면에서 각국의 공주들이 펼치는 춤, 《호두까기인형》 과자왕국 장면에 등장하는 중국춤, 인도춤, 러시아춤, 스페인춤 같은 '캐릭터댄스'가 대표적인 디베르티스망이다. 캐릭터댄스는 토속적이고 이국적 정취를 풍기기 위해 주로 각국의 민속춤 동작을 발레화한 것으로, 서열상 수석무용수 다음인 솔리스트(독무자)들이 자신의 실력을 맘껏 뽐내는 개성만점의 춤이 펼쳐진다.

발레 2인무를 대표하는 그랑파드되는 서열 1순위 남녀 무용수들의 몫이다. 러시아황실의 후원을 받았던 만큼 프티파 발레의 무대 배경은 주로 궁정 같은 곳이었고, 주인공도 공주와 왕자 등 사랑에 빠진 남녀였다. 《잠자는 숲속의 미녀》에서 오로라와 데지레, 《백조의 호수》에서 오데트와 지그프리트, 《라 바야데르》에서 니키야와 솔로르, 《라이몬다》에서 라이몬다와 장 드 브리앙 등이 바로 그랑파드되의 주역들이다.

그랑파드되는 크게 아다지오, 바리아시옹, 코다 이렇게 세 부분으로 되어 있다. 남녀 주역들이 입장해서 느리고 감미로운 선율에 맞춰 우아한 춤을 펼치는 부분이 아다지오다. 주로 발레리나(여성)가 느긋하고 세련된 자태를 뽐내며 아름다운 춤을 출 수 있도록 발레리노(남성)가 지탱해준다. 이어 바리아시옹이라고 부르는 남녀의 솔로(독무)가 각각 진행된다. 각자의 기량을 마음껏 과시하는 것이 바로 이 부분이다. 발레리노는 공중으로 높이 뛰어오르는 탄력있는 점프와 재빨리 회전하는 다이내믹한 힘이, 발레리나는 발끝으로 서서 최고의 균형감을 보여주는 테크닉이 핵심이다. 각자의 춤이 끝나면 코다가 진행되는데, 다시 둘이 만나 이번에는 빠른 템포로 현란한 테크닉을 구사하며 환상적인 명연기로 관객을 흥분시킨다.

그랑파드되는 주인공 남녀의 사랑을 암시하고 있으며, 새로운 발레스타들이 탄생하는 순간이기도 하다. 또 오늘날 갈라공연이나 발레콩쿠르에서 선보이는 레퍼토리이기 때문에 흔히 작품 전체는 몰라도 '백조의 호수 백조/흑조 파드되' 하는 식으로 유명한 파드되만은 알고 있는 경우가 많다.

프티파는 이렇게 남녀 스타 무용수들의 재량을 한껏 드러내도록 하는 한편, 또 꼬르드발레라 하여 여럿이 무리를 지어 예술성을 과시하면서 스펙터클한 무대를 연출한다.

한 치의 오차도 없이 한 덩어리로 일사분란하게 움직여 장관을 만들어내는 꼬르드발레는 처음에는 전형적인 낭만주의 분위기를 내는 배경으로 삽입했다. 하지만 이 이미지들이 인기를 얻으면서 독립된 장면으로 격상되었고, 단독으로 공연되는 경우도 있다. 대규모 발레단이 아니면 구현할 수 없기 때문에 현대에 와서는 발레단의 위상과 파워를 증명하는 대목이기도 하다.

《백조의 호수》에서 백조 떼들이 흥분과 비탄에 빠져 날개를 퍼덕이며 무대를 맴도는 호숫가 장면이나 《호두까기인형》에서 무용수들이 소용돌이치는 원을 그리면서 정교한 눈 폭풍을 일으키는 눈송이 왈츠 장면이 대표적이다.

《라 바야데르》의 '망령들의 왕국' 또한 인기 있는 명장면이다. 하얀 튀튀와 스카프를 두른 32명의 무용수들이 똑같은 스텝과 밸런스를 취하면서 하나씩 무대 위로 미끄러지듯이 등장하는 '발레블랑'이 특징이다. (발레블랑은 '흰색 발레'라는 뜻. 로맨틱발레 《지젤》에서처럼 본래 죽은 자의 영혼(=유령)을 상징하는 '흰색' 의상을 입고 발레리나들이 무리지어 등장하는 것인데, '백조'나 '눈송이' 군무에서처럼 대부분 흰색 의상으로 등장하는 군무를 말한다.)

* * * * * *

형식도 내용도 다 정해져 있는 클래식발레. 줄거리는 빈약해 보여도 무대에서 춤으로 펼쳐지면 완벽해진다. 그러니 줄거리만 보고 시시한 동화라고 무시해서는 안 된다. 다만 극장을 찾기 전 작품의 줄거리나 감상포인트를 알아둔다면 좀 더 춤에 집중할 수 있을 것이다.

무엇보다 발레리나의 춤을 놓치지 말아야 한다. 배역을 얼마나 잘 소화해서 완벽한 테크닉을 이용해 표현해내느냐, 이들의 춤이 별 매력이 없다면 금방 지루해진다. 하지만 각기 개성 있는 연기와 출중한 기교로 감동을 주는 발레리나들 덕분에 매번 설레는 가슴으로 공연장을 찾게 된다. 클래식발레의 진정한 재미는 마법에 걸린 듯 자신도 모르게 매혹적인 춤에 빠져드는 경험, 바로 그것이니까.

클래식발레 명작 베스트 5

라 바야데르

'바야데르'는 인도 사원의 '무희'라는 뜻. 무희 중 한 명인 니키야는 솔로르와 사랑하는 사이지만, 솔로르가 왕후의 딸과 약혼하자 실의에 빠지고 약혼식 날 춤을 추다 독사에 물려 죽는다. 솔로르가 후회하며 아편에 취해 환상을 보는 '망령의 왕국'이라는 발레블랑 명장면으로 유명한 발레.

- 안무 : 마리우스 프티파, 음악 : 루드비히 밍쿠스, 대본 : 마리우스 프티파, 초연 : 1877년 2월 4일 상트페테르부르크 마린스키발레단

잠자는 숲속의 미녀

세례식에 초대받지 못한 마녀 카라보스의 저주로 물레바늘에 찔려 긴 잠에 빠진 오로라 공주. 백년 후 라일락 요정이 인도한 데지레 왕자의 키스로 마법에서 깨어나 행복하게 살았다는 이야기. '장화신은 고양이' 등 동화 속 주인공들이 축하의 춤을 추는 결혼식이 하이라이트.

- 안무 : 마리우스 프티파, 음악 : 표트르 차이코프스키, 대본 : 마리우스 프티파, 이반 브세볼로지스키(원작 : 샤를 페로), 초연: 1890년 1월 15일 상트페테르부르크 마린스키발레단

호두까기인형

크리스마스이브에 대부로부터 호두까기인형을 선물 받은 클라라가 꿈속에서 왕자로 변한 인형과 함께 생쥐군대를 물리치고 과자왕국을 여행하는 이야기. 크리스마스 단골 레퍼토리.

• 안무: 레프 이바노프, 음악 : 표트르 차이코프스키, 대본 : 마리우스 프티파, 이반 브세볼로지스키(원작 : E. T. A. 호프만), 초연 : 1892년 12월 18일 상트페테르부르크 마린스키발레단

백조의 호수

악마의 저주로 백조가 된 오데트 공주와 지그프리트 왕자는 첫눈에 반하지만 왕자가 악마의 속임수에 빠져 악마의 딸 오딜에게 사랑의 맹세를 하는 바람에 두 사람의 사랑은 물거품이 된다. 백조 오데트와 흑조 오딜의 대조적인 매력이 특징인, 전 세계적으로 가장 사랑받는 클래식발레.

• 안무 : 마리우스 프티파, 레프 이바노프, 음악 : 표트르 차이코프스키, 대본 : 블라디미르 베기체프, 바실리 겔처, 초연 : 1895년 1월 27일 상트페테르부르크 마린스키발레단(1877년 3월 4일 모스크바 볼쇼이발레단이 벤젤 라이징어 안무로 초연했다는 기록이 있지만, 그 버전은 유실되어 알 수 없다.)

라이몬다

중세시대 헝가리 왕국을 배경으로 한 작품으로, 라이몬다 공주가 사라센 영주 압드라흐만의 유혹과 협박을 이겨내고 마침내 십자군 전쟁에 출정한 약혼자 장 드 브리앙과 결혼한다는 내용. 피날레 결혼축하연이 하이라이트.

• 안무 : 마리우스 프티파, 음악 : 알렉산더 글라주노프, 대본: 리디야 파쉬코바, 이반 브세볼로지스키, 마리우스 프티파, 초연 : 1898년 1월 19일 상트페테르부르크 마린스키발레단

벼랑 끝에서 추는 춤만이 왜 아름다운가

내 인생에는, 나를 움직이게 하는 힘이 딱 두개다. 그것은 사랑과 예술,
사랑은 자주 예술을 파괴하고 예술의 우렁찬 외침은 자주 비련을 가져온다.
이 둘은 조화되지 않는 것 — 영원히 싸움을 계속하는 것이기 때문이다.
- 이사도라 던컨

모처에서 원고청탁을 받았다.

"무용가 이사도라 던컨에 대해 써주셨으면 합니다."

아니, 왜 이사도라 던컨인가요? 너무 유명하잖아요. 무용가라면 그 외에도 아주 많답니다. 기발하고 개성 넘치는 컨템포러리(!) 무용가를 추천합니다. 아주 멋진 분들이 많거든요. 100년도 더 된 사람을 왜….

"이번호 주제가 '열정'이거든요."

어, 그렇다면 더더구나. 춤은 열정이나 다름없으니까요. 외국 사람을 원하시면 지금 유럽엔 열정 빼면 시체인(?) 무용가들이 엄청 납니다.

"아니요, 그냥 이사도라 던컨이 좋겠습니다."

그 말의 속뜻은, 아마 이런 게 아닐까. '다른 무용가들은 사람들이 잘 모르잖아요.' 그러니까 '무용가' 하면 이사도라 던컨밖에 모른다는 것.

… 네. 이사도라 던컨의 열정을 한번 생각해보지요.

내 속뜻은 이런 거…. '저는 이사도라 던컨을 잘 모릅니다. 그를 만난 적도 춤을 본 적도 없거든요. 관습을 거부한 모던댄스의 창시자라고. 주로 고대 그리스풍으로 간단하게 옷감을 두르고 맨발로 야외에서 춤을 췄다고 합니다. 그렇게 무슨 춤을 어떻게 췄는지는

글쎄요, 상상이 좀….'

내가 아는 이사도라 던컨은 춤추는 무용가보다 혁신적인 춤예술을 주창한 사상가였다. 〈미래의 춤〉이라는 에세이에서 "발레는 움직임을 낳지 못하는 불모의 움직임이다. 그것은 부자연스럽기 때문이다"며 개혁적인 무용론을 펼쳤던 여성. 던컨의 예술론을 읽다 보면 당시 춤이, 세계가, 인간의 영혼이 얼마나 암울했는지 느껴진다. 그는 춤이 생명이자 자유, (영혼을 구원할) 종교여야 한다고, 소리 높였던 무용가.

그래서 던컨의 자서전과 평전 등을 찾아 다시 읽었다. 20세기 중요한 무용가 중 한 사람인 던컨, 그에 대한 기록은 책에서 찾을 수 있을 뿐이다. 특히 그는 자서전을 남겼는데, 이 스테디셀러는 모던댄스 태동기의 상황을 엿볼 수 있는 중요한 기록이라고 할 수 있다.

******

1877년 5월 27일 미국 샌프란시스코에서 태어난 이사도라 던컨은 가난했던 어린 시절부터 이곳저곳을 돌아다니며 춤을 추었다.

하지만 미국은 자신의 뜻을 펼칠 수 없다고 생각해서 스물한 살 때 유럽으로 떠났다.

유럽에서도 시련은 있었지만 부다페스트에서의 성공을 계기로 그때부터 러시아를 포함해 유럽 전역을 돌아다니며 공연했다. 자신의 무용학교를 설립해 새롭고 자유로운 춤을 가르치기도 했으며, 때로 남미와 미국으로 건너가 활동하기도 했다.

발레가 기술적으로 정립되어 이미 무용예술의 기준(규범)이 되어 있었던 20세기 초, 이사도라는 발레 같은 정형화된 춤, 인공적인 형식에 대해 격렬히 반대했다. 그리고 고작 흥밋거리로 타락해가고 있던 극장춤을 보며 춤 본연의 위상, 즉 음악이나 연극, 미술이나 문학과 같은 수준의 가치를 지닌 예술임을 주장하고 나섰다.

인간의 몸을 신뢰한다는 기본자세로 춤을 시작, 움직임에 의한 자유로운 표현, 인간의 사상과 느낌을 전달할 수 있는 자유로운 수단을 개발해간 것이다. 가장 자유로운 육체 속에 깃든 최고의 지성이 이사도라 던컨의 목표며 사상이었다.

그는 끊임없이 관찰하고 사색하고 탐구하며 실험에 몰두했다. 그리고 마침내 몸을 움직이게 하는 원동력을 찾아냈는데, 이는 모던 댄스의 이념이 되었다. "움직임은 감성에 의해 동기화되어야 하며, 인간의 신체라는 도구를 통해 표현되어야 한다."

춤이란 다리나 팔의 움직임으로 표현하는 것이 아니라 내면의 힘, 인간 정신을 표출해냄으로써 성취할 수 있다는 것. 의미가 없는 움직임은 금기였다. 그는 육체의 움직임이라는 수단으로 인간의 영혼을 표현할 수 있는 춤을 추구했다. “삶은 뿌리이고 예술은 꽃이다”라는 그의 정의처럼, 삶과 예술의 연결은 20세기 초 새로운 예술이념인 모더니즘이 가장 필요로 하던 근본사상이기도 했다. (현대예술은 오늘날까지 삶과 예술의 분리와 결합에 대한 문제를 주제로 하고 있다.)

그런 이사도라를 ‘움직이게’ 한 것은 주로 자연이었다. 최초로 춤의 영감을 받은 것이 바다였다고—. 자연의 숨결이 배어 있는 바다의 물결, 달리고 뛰어오르는 동물이나 높이 날아오르는 새의 날개짓에서 리듬을 찾아냈고 움직임을 찾아냈다. 이사도라에게 자연과의 밀착은 단순한 자기도취는 아니었다. 그것은 자유에 대한 갈망이었다.

또한 글룩, 슈베르트, 베토벤, 바그너 등 수많은 위대한 작곡가의 음악에서 ‘영혼을 움직이는’ 힘을 발견하고 심포니에 맞춰 혼자 춤을 추면서도 마치 대합창단처럼 무대를 휩쓸었다. 동작은 명료하고 단순하고 즉흥적으로 보였지만 무대를 장악한 그의 카리스마는 정열과 헌신 그 자체였다. 이는 마치 자유를 위한 인간의 투쟁을 춤을 통해 선언한 것처럼 보였다.

자유로운 춤에 대한 이상은 고대 그리스 예술의 영향이기도 했다. 특히 고대 그리스인들의 자유에 대한 이상에 감명을 받았는데, 순수하고 고결하며 단순한 동시에 진지한 목적을 지닌 그리스의 예술 — 그 안에 깃들어 있는 정신적 가치를 높이 평가하고 거기에 빠져들었다.

하지만 자유에 대한 그의 신념은 삶에도 그대로 반영되어 사회와 곧잘 마찰을 빚었다. 또 불행한 사건사고로 인해 비탄에 젖어 프랑스의 니스에서 수년간 불안정한 생활을 보내야 했다. 그러던 어느 날 드라이브에 나선 길, 목을 감은 기다란 붉은 숄이 자동차 바퀴에 말리는 바람에 비극적인 최후를 맞았다. 이사도라의 나이 49세, 1927년 9월 14일이었다.

* * * * * *

이사도라 던컨은 하나의 전설이 되었다. 그의 생애는 반항적이며 도전적이었고, 너무도 화려하며 찬란했다. 때로는 고통으로 몸부

림쳐야 했고 때로는 영광에 찬 숭배의 대상이 되기도 했다. 비극적인 생애로 인해 많은 사람들에게 강렬한 인상을 남겼고, 그의 이야기는 더욱 극적으로 꾸며졌다.

특히 남성편력과 유명인들과의 연애행각, 결혼제도의 타파와 혼외 임신 등 인습을 경멸한 사생활은 여성의 권리와 해방을 주장하는 그의 신념과 뒤엉켜 혁명가의 모습으로 그려져 있다. 그는 마치 어떤 구속도 없는 자유의 여신처럼 그렇게 세상을 누볐다. 그리고 인생에서처럼 또한 예술에서도 그는 '열정적인(!)' 혁명가로서 시대를 이끌었다.

예술에 대한 자부심과 그것을 인정하지 않는 세속적인 편견의 갈등 속에서 이사도라를 진정으로 기쁘게 한 것은 단 하나였으니 — 늘 평탄치 않은 삶 속에서 세상과 힘들게 싸워야 할 때마다 그를 구원한 것은 바로 춤이었다. 그는 춤을 통해서만 자신의 인생을 살 수 있었고, 비로소 참된 자기의 모습이 되었다.

현대 문명으로의 대변혁과 혼란 속에서 부당한 관습에 저항할 줄 아는 자유로운 사고와 대담한 용기를 가졌던 여인 — 이사도라 던컨.

그가 춤추는 모습을 비로소 상상해본다. 김승희 님의 시구처럼,

"삶이 시작되는 곳에는 왜 늘 벼랑이 있고, 벼랑에서 추는 춤만이 왜 홀로 아름다움의 갈기를 가졌는가…."*

*이사도라 던컨(Isadora Duncan)에 관한 책으로는 자서전 『이사도라 던컨』(원제 'My Life', 구히서 옮김, 경당, 2003), 피터 커스의 평전 『이사도라 던컨, 매혹적인 삶』(이나경 옮김, 홍익출판사, 2003), 프레데릭 꾸데르끄의 소설 『이사도라 던컨』(박명숙 옮김, 현대문학, 2005), 던컨이 지은 『이사도라 덩컨의 무용에세이』(최혁순 옮김, 범우사, 1982) 등이 있다.

바슬라브 니진스키의 《목신의 오후》와 발레뤼스

흑백사진 속 그의 춤

잡지 마감 때 편집실은 마치 전쟁터 같다. 그때 심정이란 정말이지,
아군도 우군도 없이 혼자 살아남아 마지막 적군을 대적하고 있는 기분이다.
사방에서 정신없이 총알이 날아온다. 가끔 대포알도 쿵!
초살인적인 체력과 정신력으로 며칠을 그렇게 버티고 나면 전쟁이 끝난다.

잡지 편집 때 바쁜 일 중 하나는 사진을 고르는 작업이다. 생각보다 시간이 꽤 걸린다. 무용가와 사진작가가 최상의 작품사진 한두 장을 골라 등기로 보내거나 직접 가져오는 일은 옛 이야기가 되었다. 컴퓨터 화면을 가득 채우고 있는 디지털파일로 된 사진 대부분은 춤보다는 장면에 대한 기록일 때가 많다. 실제 공연무대에서 움직임을 순간적으로 포착하는 일은 어려우며 무엇보다 조명의 변수가 너무도 크다.

아무튼 그 중에서 '춤이 있는' 사진들을 뽑아야 한다. 어떤 작품은 춤이 있고 어떤 작품은 춤이 없다. 어떤 사진가의 눈에는 춤이 많고 어떤 사진가의 눈에는 춤이 없다. 그래서 사진 고르는 일은 이래저래 고민하는 데 시간을 다 써버리기 마련이다. 사진은 글보다 훨씬 더 춤에 대해 많은 이야기를 정확하게 해준다. 움직임의 아름다움이 주는 감동을 있는 그대로 보여준다는 뜻이다.

무엇보다 하나의 예술로서 사진은 그 자체로도 창작에 무한한 영감을 준다. 그런 사진은 볼 때마다 쉽게 눈을 뗄 수 없다. 계속 응시하게 만드는 것, 거기서부터 심장은 뛰기 시작한다. 현대 안무가들에게 끝없는 영감을 주면서 그렇게 서양무용사를 일궈온 사진들— 그 중 하나가 바로 '니진스키 사진'이 아닐까 싶다.

* * * * * *

20세기 초반 전설적인 댄서 바슬라브 니진스키는 1889년 3월 12일 키예프에서 태어났다. 아홉 살 때부터 상트페테르부르크 황실 발레학교에서 교육을 받고 1907년 마린스키발레단에 입단했다.

마린스키 최고의 댄서였으나 1911년 《지젤》 공연 당시 '품위 없는' 의상을 입었다는 이유로 해고되었다(여기에는 여러 가지 설이 있다). 그는 세르게이 디아길레프의 발레뤼스에 합류해 유럽으로 건너갔는데, 이는 발레역사의 획기적인 전환점이 되었다.

천재라고밖에 표현할 방법이 없는 재능을 타고난 무용가였지만, 니진스키는 스물아홉 젊은 나이에 정신분열증 진단을 받고 무대 인생을 마감해야 했다. (이후 30여년의 인생을 병원에서 보냈고, 1950년 4월 8일 런던에서 사망했으며 파리 몽마르트 묘지에 묻혔다.)

그렇게 신화는 사라졌다. 사진을 남기고….

니진스키는 오랫동안 발레리나들이 우아한 포즈와 가벼운 발놀림으로 지배해온 파리 발레무대에 등장한 최초의 남성 발레스타였다. 그때까지 그 누구도 경험하지 못한 놀라운 테크닉과 파워와 남성미—, 그의 등장은 충격이었다.

또, 그는 발레의 외형을 전면적으로 바꾼 두 편의 전설적인 작품을 안무했다. 《목신의 오후》(1912)와 《봄의 제전》(1913), 두 작품 모두 센세이션을 일으킨 예술계의 문제작들이다.

프랑스의 시인 스테판 말라르메는 1876년, 116행으로 된 장편시 〈목신의 오후〉를 발표했다. (그리스신화에 나오는 목신('판')은, 산과 들에 살면서 가축을 지키는 목자와 가축의 신이다. 상반신은 사람(남자)의 모습이고 하반신은 동물의 몸(산양의 다리)으로, 이마 양편에 뿔이 달려 있다.)

덥고 나른한 어느 여름날 오후, 숲의 나무그늘에서 졸던 목신이 잠에서 깨어나 갈잎피리를 조용히 불면서 깊은 생각에 잠긴다. 아직도 꿈꾸는 듯, 그는 불고 있는 갈잎피리를 꺾은 시냇가에서 목욕하던 님프들을 생각한다. 이 몽상의 환영에서 사랑의 욕망을 느껴 요정을 잡으려고 하지만 님프의 환영은 곧 사라진다. 목신의 정념은 한층 더 공상으로 빠져들고 마침내 사랑의 여신 비너스를 포옹하게 된다. 이윽고 환상이 모두 사라진다. 목신은 또다시 나른한 기분으로 모래 위에 비스듬히 누워, 여름철의 풋풋한 풀 향기를 맡으며 다시 졸기 시작한다….

말라르메의 〈목신의 오후〉는 님프(요정)의 아름다운 육체를 사모하는 목신의 관능적인 몽상을 묘사하여 육욕의 허무함을 순수한 미적 시계 속에서 상징한 서정시다. 드뷔시의 〈목신의 오후 전주곡〉은 이러한 줄거리에 곡을 붙인 것으로, 이 시가 지닌 환상적인 시정을 그윽하면서도 정교하게 살려낸 명작으로 꼽힌다.

드뷔시의 곡을 반주로 한 《목신의 오후》는 8분가량의 짧은 발레다. 목신(니진스키)이 바위 위에서 빈둥대고 있는데 님프들이 등장한다. 목신이 다가가자 모두들 도망간다. 서둘러 도망가는 바람에 님프 하나가 스카프를 떨어뜨리는데, 목신이 그것을 줍는다. 자신의 처소(바위)로 돌아간 목신이 바닥에 스카프를 펴고 그 위로 엎드리는데, 이때 엉덩이를 움직이는 장면이 선정적이라 하여 공연 첫날 엄청난 스캔들을 일으켰다. 1912년 5월 29일 파리 샤틀레극장에서 있었던 일이다.

니진스키는 이 작품을 통해 새롭고 현대적인 안무개념을 보여주었다. 즉 줄거리보다 동작 그 자체에 초점을 맞추었다. 그리스신전의 프리즈에서 발췌해낸 안무는 고전발레의 규범을 깨뜨린 것이었다. 무용수들은 마치 유리창에 끼인 듯이 2차원의 평면을 앞뒤로 움직이며 무대를 지나간다. 발레의 턴아웃 대신 턴인된 자세, 팔을 직각으로 구부린 상태로 무대 위를 미끄러지듯 움직이는 니진스키의 동작은 완전히 새로운 것이었다.

＊＊＊＊＊＊

이 작품이 오리지널 그대로 남아 있게 된 것은 다 사진 덕분이다. 양팔과 양발을 객석과 평행이 되게 유지하는 포즈는 사진에서 확연히 드러난다. 그것은 마치 고대 그리스 도자기에 평면으로 그려진 그림이나 부조를 연상시킨다.

이 사진들은 모두 1912년 사진작가 아돌프 드 메이어가 오리지널 작품을 촬영스튜디오에서 찍은 것이다. 당시 파리의 많은 예술가들이 니진스키에게 매료되었는데, 사진작가 드 메이어도 그랬다.

드 메이어는 미국의 패션잡지 「보그」의 초창기를 대표하는 사진작가로 유명하다. 1858년 파리에서 태어난 그는 독일에서 교육을 받고 유명인사의 기품 있는 인물사진으로 명성을 얻었다. 특히 모더니즘과 러시아 예술에 관심이 많았고, 1차세계대전 후 부인과 함께 뉴욕으로 건너가 활동했다. 드 메이어는 다큐멘터리적 패션사진을 예술적인 양식으로 승화시킨 인물로 평가받았다.

미국의 작가이자 무용비평가인 에드윈 덴비는 1943년 〈니진스키 사진에 대한 노트〉라는 에세이를 쓰기도 했으며(그는 니진스키의 움직임이 발이나 다리가 아니라 골반에서 나온다고 썼다), 1975년 링컨 커스타인이 화보집 『니진스키 댄싱』을 제작하면서 니진스키의 사진들은 복제되어 일반인들에게 알려졌다.

드 메이어의 사진들은 1983년 『목신의 오후, 바슬라브 니진스키, 1912년』이라는 제목으로 제니퍼 더닝(『뉴욕타임즈』의 무용평론가)의 논평과 함께 출판되었고, 2008년에는 페이퍼백으로 출간되기도 했다.

니진스키의 춤에 대한 기록은 그렇게 사진으로 남아 있다. 흑백 사진 속에서 그의 몸은 소리가 없고 움직임이 없지만 역사의 생명력으로 진동하며 울림을 준다.

* * * * * *

2009년은 '발레뤼스(Ballet Russe) 100주년'이다. 1909년 파리 데뷔를 기점으로 한 것. 흔히 발레뤼스를 모던발레의 시작으로 본다.

19세기 러시아 황실의 지원을 받아 클래식발레는 마리우스 프티파 등에 의해 레퍼토리들이 정착되었다. 20세기 전환기에 러시아의 젊은 무용가 미하일 포킨은 이 '장편길이의 플롯이 있는 스펙터클한 볼거리'를 거부했다. 포킨은 새로운 발레를 추구했다. 마린스키황실극장은 포킨의 혁신을 받아들이지 않았지만, 세르게이 디아길레프는 이를 적극 옹호했다. 그렇게 해서 포킨은 디아길레프와 함께 파리로 건너가 자신의 예술을 펼쳤는데, 이것이 발레뤼스의 시작이다.

세기의 흥행주였던 세르게이 디아길레프는 1872년 3월 31일 러시아의 노브고르드 근방에서 태어났다. 고등학교를 졸업하고 상트페테르부르크로 법학을 공부하러 갔지만, 음악에 관심이 많았던 디아길레프는 작곡가가 되려고 그곳 음악원에서 수업을 받았다.

그러나 그 계통으로 소질이 없어 곧 좌절하고, 대신 젊은 미술가와 작가 집단의 일원이 되었다. 그는 그 모임의 정기간행물인 「예술세계」의 편집자로 일하면서 현대 러시아 회화 전시회를 기획했고, 일부를 파리에서 개최했다. 이는 이듬해 일련의 러시아 음악회 주선으로 이어졌는데, 1908년에는 무소르그스키의 오페라 〈보리스 고두노프〉를 서유럽에 처음 소개했다. 이 음악회는 대성공을 거두어 곧 두 번째 파리 공연이 기획되는데, 이때 디아길레프는 발레를 동반했다.

1909년 5월 19일 밤 샤틀레극장, 러시아의 발레가 모습을 드러낸 순간이었다. 포킨의 안무작 《아르미드의 별장》(1907)에 출연한 니진스키에 의해 러시아 발레는 인기폭발이었다. 선풍적인 반응에 힘입어 디아길레프는 본격적으로 무용단을 꾸리게 되는데, 이때부터 '발레뤼스'라는 명칭으로 활동했다.

발레뤼스의 초대 안무가인 미하일 포킨은 1880년 5월 5일 상트페테르부르크에서 태어났다. 아홉 살에 황실발레학교에 입학한 그는 1898년 마린스키발레단에 입단했고, 1902년부터 학생을 지도하고 안무하기 시작했다.

포킨은 프티파식 발레가 진부하며 춤이 기교를 위해 진실을 희생시킴으로써 혼을 상실했다고 보았다. 그는 길이가 짧은 단막발레를 선호했고, 춤을 되도록 주제에 근접시켜 볼거리나 기교를 위한 동작과 마임을 배제했다. 또 표현성을 강조해 무용수의 개성적 움직임을 중요시하고, 음악과 춤의 일치를 통해 시간과 공간의 융합을 꾀했다.

그러나 그의 작품들은 고전발레에서 현대발레로 넘어가는 과도기적 성격을 띠고 있으며, 그의 이념은 후속 안무가들에게서 발휘되었다. 포킨은 발레뤼스의 유일한 안무가였으나 디아길레프가 니진스키를 강력하게 후원하자 러시아로 돌아갔고, 이후 미국에 정착해 활동했으며 1942년 8월 22일 뉴욕에서 사망했다.

무엇보다 발레뤼스의 인기는 니진스키에서 비롯되었다. 당시 파리의 지리멸렬한 발레무대에 '남성' 댄서의 등장은 획기적이었고, 더구나 니진스키의 존재감이 독보적이었다. 그는 자유와 미(관능성)에 새로운 시각을 가져왔다. 포킨의 작품들 《세헤라자드》(1910)에서 황금노예, 《페트루슈카》(1911)에서 꼭두각시, 《장미의 정》(1911)에서 정령 등을 자신의 해석으로 탄생시켰고, 그의 춤으로 인해 이 작품들은 오늘날까지 생명력을 유지하고 있다.

1929년 8월 19일 베니스에서 디아길레프가 죽었을 때 발레뤼스도 끝이 났다. 디아길레프는 20여 년의 발레뤼스 활동을 통해 수많은 예술가들을 지원했다. 드뷔시, 프로코피예프, 라벨, 사티, 뿔랭, 스트라빈스키 등의 작곡가와 피카소, 박스트, 마티스 등의 화가가 발레뤼스와 작업했다. 춤, 미술, 음악 등 발레뤼스의 주역들은 20세기 초 모더니즘의 창시자들이었고, 현대예술에 큰 영향을 미쳤다.*

*발레뤼스와 관련해 국내 번역서는 바슬라브 니진스키의 자서전 『니진스키 영혼의 절규』(이덕희 옮김, 푸른숲, 2002)가 유일하고, 2011년 개봉한 얀 쿠넹 감독의 영화 〈샤넬과 스트라빈스키〉는 니진스키 안무와 스트라빈스키 음악의 《봄의 제전》 공연을 담고 있다.

III

춤,
즐기다

"춤은 모든 필기구로부터 벗어난 시(詩)다."

— 스테판 말라르메

롤랑 프티의 《젊은이와 죽음》

바흐의 파사칼리아가 흐르는 가운데

젊은이가 사랑을 하고— 죽음을 맞는다. 자살…
"시란 꿈, 기적, 초자연, 죽음과 이웃한 세계"라며,
젊은이의 사랑과 꿈과 죽음을 그렸던 장 콕토.
그의 초현실주의가 무대에서 펼쳐진다.

"20세기 초 파리의 한 망사르드. 작업복 차림의 한 젊은이가 침대 위에 누워 담배를 피우고 있다. 그는 초조하게 누구를 기다리는 듯 손목시계를 들여다보며 안절부절못한다. 그때 노란 원피스를 입은 한 젊은 여인이 방 안으로 들어오고 남자는 반갑게 맞이한다. 하지만 여자는 시큰둥하며 담배에 불을 붙인다. 여자는 남자의 적극적인 구애에 처음에는 회피하지만 결국 다정하게 군다. 그러다 갑자기 천장에 매여 있는 밧줄로 올가미를 만들어 남자에게 보여주더니 바로 떠나버린다. 남자는 절규하듯 의자를 뛰어넘으며 몸부림을 친다. 그러다 문뜩 올가미를 바라보며 잠잠해지더니 마침내는 의자를 밟고 올라서 목을 맨다."

* * * * * *

롤랑 프티의 걸작 《젊은이와 죽음》은 1946년 6월 25일 파리 샹젤리제극장에서 초연되었다. 실연당해 자포자기에 빠진 젊은이의 경솔한 죽음 즉, 자살이라는 테마로 인해 세계대전 후 실존주의의 원형으로 여겨진 작품이다. 표면적으로는 연인을 기다리는 것처럼 보이지만 결국은 생존을 위한 실존적인 투쟁에 사로잡혀 있는 청년의 모습이 그려져…라고 교과서에(?) 나와 있다.

20분가량의, 길지 않은 이 작품에는 남녀 한 쌍이 출연한다. 좁은 다락방에서 밀고 당기는 젊은 남녀의 춤은 에로틱하면서도 어딘지 모르게 애수가 섞여 있다. 숨이 막힐 듯한 그 분위기를 장엄한 음악이 거든다. 바흐의 오르간 곡 중 최고 명작으로 꼽히는 〈파사칼리아 C단조〉.

* * * * * *

국립발레단이 롤랑 프티의 대표작이라고 할 만한 《젊은이와 죽음》(1946), 《카르멘》(1949), 《아를르의 여인》(1974) 등 세 작품으로 구성된 기획공연 '롤랑 프티의 밤'을 마련했다. 포스터의 선전문구가 눈에 띈다. "영화 〈백야〉의 감동을 발레로 다시 느낀다!"

테일러 핵포드 감독의 영화 〈백야〉는 냉전시대 자유를 찾아 고국을 떠나는(?) 젊은 예술가들의 이야기. 예술의 자유를 찾아 서방으로 망명했던 댄서 니콜라이는 순회공연 중 비행기 사고로 소련 공군기지에 불시착한다. 니콜라이는 고향으로 강제소환 당하고, 그곳에서 소련으로 이주해온 미국인 탭댄서 레이몬드를 만난다. 그들은 다시 자유세계로 탈출하고자….

1970년대 이 영화는 개봉 전부터 주연을 맡은 두 배우로 화제가 되었다. 니콜라이 역의 미하일 바리시니코프는 20세기 최고의 발레리노 중 한 사람이고, 레이몬드 역의 그레고리 하인즈는 세계적인 탭댄서였다. 바리시니코프는 실제로 구소련 키로프발레단 시절 캐나다로 망명했고, 이후 미국에서 활동하며 뉴욕시티발레단(NYCB)을 거쳐 아메리칸발레시어터(ABT)의 예술감독을 역임했다.

〈백야〉는 니콜라이가 파리오페라발레단에서 공연하는 장면으로 시작한다. 바로 그 작품이 프티의 《젊은이와 죽음》이다. 그러니 발레공연을 보지 않아도 누구나 다 아는 명작 — 그리고 오늘날까지 빛이 바래지 않는 바리시니코프의 존재감을 확인할 수 있다. 또한 두 댄서가 함께 자유롭게 춤을 추는 장면도 무용사에 길이 남을 것이다.

《젊은이와 죽음》은 초연 당시 프랑스의 유명한 댄서 장 바빌레가 젊은이 역을 맡아 대성공을 거두었는데, 현재까지도 많은 남성댄서들이 도전하고 싶어 하는 매력적인 작품이다.

* * * * * *

롤랑 프티는 1924년 1월 13일 프랑스 파리 근교 빌몽블에서 태어나 파리오페라발레학교에서 교육을 받고 1940년 발레단에 입단했다. 당시 파리오페라발레단은 세르주 리파가 이끌고 있었는데, 프티는 발레단의 경직된 분위기에서 벗어나고자, 또 리파 밑에서 안무가로 성장하기 어려울 수 있겠다는 생각이 들어 스무 살에 발레단을 나와 여러 무용단에서 춤을 추며 안무를 했다. 1945년 샹젤리제발레단을 만들어 《젊은이와 죽음》을 공연했고, 3년 후에는 파리발레단을 설립해 《카르멘》을 비롯해 여러 작품을 안무했다. 또한 레뷰, 할리우드 영화, TV 등에서도 활발히 작업했으며, 1972년 마르세이유발레단 감독을 맡아 1997년까지 이끌었다.

프티의 가장 성공작으로 알려진 《카르멘》은 주인공 돈 호세와 카르멘, 두 인물과 그 관계에 초점을 맞춘 작품이다. 파리발레단 시절 만난 (후에 자신의 부인이 된) 지지 장마리를 위해 만든 작품이기도 한데, 지지는 수년간 카르멘의 대명사였다. 카르멘의 독무는 자의식이 강하고 자유로운 여성을 묘사한다. 돈 호세는 무리에 어울리지 못해 따돌림 당하는 외톨이 같은 인물이다. 등장인물 모두 까다로운 성미의 소유자 즉, 반항자의 캐릭터다.

안무자는 비제의 동명 오페라 〈카르멘〉에서 하바네라를 발췌해 사용하고, 스페인 민속춤 요소들과 발레 스타일을 섞었다. 카바레 분위기가 배경인 만큼 호전적이고 관능적인 포즈나 레뷰적 스타일이 지배적이다. 특히 에로틱한 긴장감은 침실장면 사랑의 듀엣에서 고조되다가 마지막 투우장에서 죽음의 듀엣으로 끝난다.

프티 작품에는 고상함과 난잡함, 유미와 폭력, 가벼움과 진지함, 냉정과 열정 등 상반된 요소들이 용해되어 있는데, 이러한 인간이해에 대한 통찰이야말로 프랑스 예술의 본래 전통이라는 점에서 높이 평가받았다.

모리스 베자르처럼, 프티 역시 추상성보다는 스펙터클과 연극성을 강조한 안무가다. 그는 쇼, 레뷰, 춤을 완벽하게 결합시키는 데 정평이 나있고, 프티의 작품은 춤의 관능성과 감각적인 무대미술의 장식성이 특징으로 꼽힌다. 이 모두 전형적인 프랑스 전통이라고 할 수 있다. 특히 정확하고 흠잡을 데 없이 깔끔한 춤테크닉을 구사하면서 쿨하게 열광으로 몰고 가는 것은 프티 춤의 매력으로 꼽힌다.

* * * * * *

50년도 더 된 작품, 발레 《젊은이와 죽음》은 본래 두 개의 장면으로 되어 있다. 젊은이가 목을 맨 이후 다음 장면은 매우 짧은 데 비해 세트에 돈이 많이 들어 공연 때 삭제될 때가 많다고 한다(영화에서는 볼 수 있다). 바로 젊은이가 (방에서 만났던) 여인에 의해 죽음의 세계로 인도되는 장면이 그것이다.

"에펠탑이 보이는 파리의 야경이 펼쳐진다. 흰 옷을 입고 빨간 두건을 길게 늘어뜨린 채 걸어오는 여인, 얼굴에 해골모양의 가면을 쓰고 있다. (목을 맨) 젊은이가 여인 곁으로 다가오자 여인이 가면을 벗어 남자에게 씌운다. 둘이 함께 천천히 지붕 위로 멀어진다."

사실 이 장면은 작품에서 빠지면 안 되는 핵심이라고 할 수 있다. 《젊은이와 죽음》은 젊은이들의 사랑과 꿈과 죽음을 그린 소설 〈앙팡 테리블〉의 작가 장 콕토가 대본을 썼다. 그는 부유한 가정에서 성장해 일찍부터 파리 사교계에 드나들며 예술적 재능을 인정받았던 시인이다. 20세기 초 전위적인 예술가들과 교우하며, 피카소와 스트라빈스키 등이 참여했던 발레뤼스에도 관여하며 무용대본을 쓰기도 했다. 콕토는 1차세계대전 이후 세대의 새로운 세계관을 보여주며 1930년대 앙드레 브르통 등과 함께 초현실주의 운동을 주도했던 인물이다. 이러한 프랑스 초현실주의의 영향력은 2차

세계대전 이후 사르트르나 카뮈로 대변되는 실존주의의 모티프로까지 이어졌고….

그러니 프랑스 실존주의를 알고 싶다면 《젊은이와 죽음》의 마지막 장면을 꼭 기억해두길…. 파리의 하늘을 가로지르며 저세상으로 떠나는 장면은 장 콕토의 전형적인 기법으로서 초현실주의적 파노라마를 연출한 것이기 때문이다.*

*국립발레단의 '롤랑 프티의 밤'은 2010년 7월 15~18일 예술의전당 오페라하우스에서 공연되었다. 안무자 롤랑 프티(Roland Petit)는 2011년 7월 10일 스위스 제네바에서 백혈병으로 사망했다.

장 크리스토프 마이요의 《라 벨르》

발레의 '모던 클래식'

할리우드 여배우 그레이스 켈리는 모나코공국의 왕 레이니에3세와 결혼했다.

그곳은 눈부신 지중해와 호화로운 카지노가 있는, 세계 유명 인사들의 아지트.

이듬해 왕비는 첫딸, 캐롤라인을 낳았다.

그레이스왕비는 캐롤라인공주가 다른 유럽 왕국의 왕비가 되기를 바랐고,

그래서 교육에 더 헌신적이었다.

캐롤라인은 어렸을 때 어머니가 설립한 모나코 발레스쿨의 마리카 베조브라조바 선생에게 발레수업을 받았고, 틈틈이 발표회를 갖기도 했다.

1982년 그레이스왕비가 자동차사고로 사망하자 캐롤라인은 왕비를 대신해 많은 일을 해야만 했다. 그는 예술에 각별한 애정을 쏟았던 왕비의 뜻을 계승해 2차세계대전 이후 끊겼던 모나코 발레의 영광을 되찾겠다는 집념으로 1985년 몬테카를로에 발레단을 창설하는데, 이 단체가 지금의 몬테카를로발레단이다.

몬테카를로는 '발레뤼스'라는 역사적인 발레단과 연관이 있다. 1909년 파리에서 성공적으로 데뷔한 세르게이 디아길레프의 발레뤼스가 유럽 전국을 순회할 때 그 본거지가 바로 몬테카를로였다. 디아길레프가 1911년부터 죽기 전인 1929년까지 이곳 오페라극장을 창조의 터전으로 사용한 만큼 몬테카를로는 춤을 위한 특별한 도시였다.

하지만 발레뤼스는 디아길레프의 죽음과 동시에 해산했다. 이를 부활시키기 위해 만들어진 것이 1932년 '몬테카를로 발레뤼스'다. 발레애호가였던 드 바질 대령과 오페라극장 매니저 르네 블룸이 협력하여 만든 발레단인데, 잠시 운영되다가 바질과 블룸의 다툼으로 분열되고 이후 흐지부지 사라졌다.

여하튼 1980년대 캐롤라인공주가 다시 창설한 몬테카를로발레단에 1992년 잘생기고 야심찬 젊은 무용가가 예술고문으로 오게 된다. 그가 바로 장 크리스토프 마이요다. 이렇게 몬테카를로발레단과 인연을 맺은 마이요는 이듬해 가을, 단장 겸 안무가로 부임한다.

* * * * * *

장 크리스토프 마이요는 1960년 프랑스 투르 출생으로, 부친은 투르오페라극장의 발레단에서 무대미술을 담당했던 화가였다. 마이요는 로젤라 하이타워가 교장으로 있던 칸느국제발레학교에 입학하여 열일곱 살에 로잔상을 수상하고, 이듬해 존 노이마이어의 함부르크발레단에 입단했다. 하지만 스물한 살 때 그만 무릎부상으로 무용수 활동을 접고, 고향으로 돌아가 투르발레단의 예술감독으로 작품을 만들고 있었다.

몬테카를로발레단 예술감독으로 임명되었을 때 그는 만족해했다.

"몬테카를로발레단만의 특징이 있다면 무엇보다 압박이 없다는 것입니다. 특정 시간의 틀을 정해놓고 일정 수의 관객을 확보해야 하거나 반드시 성공해야, 즉 예술적인 업적을 내야 하는 의무도 없습니다."

캐롤라인의 전폭적인 신뢰와 지지 덕분이었다.

그의 비전과 열정 덕분에 몬테카를로발레단은 불과 몇 년 만에 세계 각국을 돌며 순회공연을 하고 명성을 쌓았다.

* * * * * *

이러한 순회국에는 우리나라도 포함된다. 2007년에 '미녀'라는 뜻의 작품 《라 벨르》(2002)로 내한공연 했는데, 마이요는 고유한 상상력으로 새로운 '잠자는 숲속의 미녀'를 내보였다. 《잠자는 숲속의 미녀》는 샤를 페로의 동화를 바탕으로 1890년 차이코프스키 음악에 마리우스 프티파가 안무한 이래 수없이 재구성되고 있는 대표적인 고전발레다. 《라 벨르》는 고전의 틀이 있지만 내용과 전개는 완전히 마이요 고유의 작품이다.

눈부시게 화려하고 형형색색의 기묘한 무대와 의상도 인상적이지만, 이 환상적인 세계에서 가장 눈길을 사로잡는 것은 오로라 공주가 갇혀 있는 커다란 풍선이다. (누구는 '비눗방울'이라고 하고 누구는 '알'이라고 하는) 투명풍선은 보는 이의 상상력을 극대화시키는 시각적 요소다. 어떻게 저런 생각을 했을까 싶을 정도로, 독특하고 신기하다.

안에서는 겉을, 겉에서는 안을 들여다볼 수 있게 투명하지만 사실 안과 겉은 완전히 다른 세계— 내가 사는 세상도 혹시 그런 게 아닐까 하고 상상해보게 된다. 평온한 세계와 불편한(혹은 위험한) 세계가 공존하는 현실 말이다. (남자들에 의해 풍선이 터지고 끄집어내진 공주는 그들에게 둘러싸여 힘겹게 대항하다 결국 쓰러진다.)

마이요는 《라 벨르》가 요즘 젊은이들의 모습이라고 말한다. 안무자는 부모와 자녀의 사랑에 대한 것을 생각했는데, 공주는 과잉 보호 환경에서 자란 아이, 왕자는 학대받는 환경에서 자란 아이로 정반대의 상황을 가정한 것이다. 물론 왕자와 공주는 서로를 사랑하게 되고, 마침내 완전하게 된다. 항상 사랑을 강조하는 마이요답다.

* * * * * *

이러한 안무성향은 또 다른 대표작 《신데렐라》(1999)에서도 보인다. 페로의 동화 〈상드리용 혹은 작은 유리신발〉를 원작으로 하는 발레 《신데렐라》는 세르게이 프로코피예프의 곡에 로치슬라프 자하로프가 안무해 1945년 볼쇼이발레단이 초연했다. 1948년 영국 로열발레단의 프레드릭 애쉬턴 버전이 유명하고, 그밖에도 여러 안무가들이 계속 새롭게 변형해서 선보이고 있는 인기작이다.

마이요는 동화의 골격을 살리지만 새로운 내용으로 캐릭터에 변화를 주었는데, 가장 큰 특징은 '유리구두가 없다'는 것. 상아빛 맨발이 왕자의 눈길을 끈다. 유리구두 대신 금가루를 입힌 듯 맨발이 반짝거린다. 진정한 아름다움이란 아무것도 덧붙여지지 않은 몸 그 자체라는 듯이….

안무자는 신데렐라를 통해 현대가정의 문제를 생각해보았다. 가령 이혼 후 부모와 자녀의 관계에 대해. 그리고 동화와 달리 아버지와 자녀의 결속이나 유대감을 좀 더 강화시킬 필요가 있겠다는 생각을 하게 되었다고…. 마이요의 《신데렐라》에서 원작에는 존재감이 없던 부친이 비교적 뚜렷하게 그려진 것도 그런 이유에서다. 또 죽은 친엄마가 요정 대모로 등장해 신데렐라를 도와주고 아버지와 짝을 이루면서, 딸에게 호화로운 겉치레를 벗어나 순수한 사랑의 가치를 심어준다는 연출도 그렇다.

《라 벨르》와 마찬가지로, 《신데렐라》 역시 이 시대에 동화를 읽는 새로운 방식을 보여줌과 동시에 고전동화를 현대적으로 다시 쓰고 있다.

* * * * * *

마이요는 "고전적 코드나 미학, 무용수를 보여주면서 동시에 새로운 접근을 시도했다"며 고전으로부터 출발해 흥미롭게 발전하는 변형을 자신만의 개성으로 제시한다. 이처럼 클래식에 충실하면서도 새로움에 대한 열정을 중요시 하는 마이요의 작품은 "장식과 안무는 비낭만적이지만 무대에는 감성이 넘쳐흐른다"는 평을 받고 있다. 《라 벨르》에서도 현실과 환상을 오가며 현대적이고 입체적인 무대를 보여준다.

마이요의 안무는 이상하면서도 깔끔하고 잘 다듬어진 동작으로 이루어져 있다. 비틀고 변덕스럽고 의외의 동작들, 캐릭터의 변신 등이 있지만 그것과 대조를 이루는 현대적 무대미술과 장치, 세련된 의상 등 외양은 동화적 감성으로 가득 차 있는 것이다.

마이요는 분명하게 고전적인 서술발레 작품을 지향한다. 하지만 클래식이 아무리 훌륭하다고 해도 오늘날의 젊은 관객들에게 감정적인 반향을 일으키기에는 곤란한 점이 더 많다는 것도, 그는 잘 알고 있다. 따라서 그의 작품은 익숙한 이야기와 음악을 배경으로 하지만 무대는 누구도 흉내낼 수 없을 만큼 세련된 현대적 미감으로 재구성하기 때문에 묘한 흥분감과 호기심을 불러일으킨다.

스토리와 음악은 클래식을 지향하되 안무와 무대(의상이나 장치, 조명 등)는 컨템포러리를 표방하고 있는 그의 이러한 혼성미학은, 현대예술에서 대립하고 있는 서술성과 추상성의 갈등에 대한 답이기도 하다.

"예술작품에서 서술성과 추상성은 언제나 쌍벽을 이루어왔습니다. 이 두 가지는 서로 상반되기 때문에 정녕 합치될 수 없는 것일까요? 나는 그렇게 생각하지 않습니다. 인간은 모름지기 추상성이 주는 자유로움만큼이나 서술성이 지닌 에너지를 필요로 하기 때문입니다. 미래를 위한 모델을 제시한다면 그것은 모종의 추상적 서술성이라고 할 수 있을 것입니다."

* * * * * *

장 크리스토프 마이요의 발레에서 고전에 충실하면서도 새로움이 느껴지는 이유는 무엇일까. 모던한 클래식? 클래식한 모던? 그 미묘한 차이를 감지하는 자만이 누릴 수 있지 않을까.*

*몬테카를로발레단(Les Ballets de Monte Carlo)은 장 크리스토프 마이요(Jean Christophe Maillot)의 《라 벨르(La Belle)》를 2007년 10월 17~18일 성남아트센터에서 공연했다. 한편, 국립발레단은 마이요의 《신데렐라(Cendrillon)》를 2009년 3월 20~24일 예술의전당 오페라극장에서 공연한 바 있다.

아메리칸발레시어터(ABT)의 《돈키호테》

키트리의 섹시한 부채질

발레 《돈키호테》 하면 제일 먼저 떠오르는 이미지가 있다.
붉은 의상, 손에 부채를 펴들고 있는 요염한 키트리!
그 매력적인 포즈는 부채질을 할 때 더 주목된다.
정열적인 스페인 여인을 대변하는 키트리를 가장 키트리답게 해주는 소도구,
바로 손에 든 쥘부채다.

부채는 스페인의 한여름, 그 뜨거운 열정의 상징이다. 실제로 스페인에서는 한때 스페인 사람이라면 누구나 이해하는 '부채언어'가 있었을 정도라고 한다. 언제, 어디서, 왜 부채를 사용하는지, 그 대화의 기술과 에티켓이 있었던 것이다. 부채는 연인을 유혹하는 도구이며 은밀한 사랑의 메신저다. 특히 여성이 관심 있는 남성을 유혹할 때 부채가 사용되는데, 여인을 도발적이며 더 섹시하게 보이게 하기 때문이다.

그러한 스페인 여인을 대변하는 듯한 매력적인 캐릭터가 있다. 발랄하고 낙천적이면서도 정열적이고 자기 확신에 찬, 그 여인의 이름은 키트리. 그리고 그의 손끝에서 펼쳐진 부채는 그 성격을 가장 잘 표현해준다. 그러니 어설프게 부채를 놀리면 그건 키트리가 아니다. 이처럼 작고 가볍지만 캐릭터를 단번에 표현할 정도로 비중 있는 부채의 마력을 발레 《돈키호테》에서 경험하게 된다.

* * * * * *

16세기 스페인 작가 미구엘 드 세르반테스는 당시 에스파냐에 유행했던 기사도의 권위와 인기를 타파하기 위해 패러디 소설을 쓰고자 했다. 자기이상에 미혹된 한 기사의 이야기 〈돈키호테〉는 그렇게 탄생했다.

하지만 소설을 쓰는 중 세르반테스는 오히려 돈키호테와 그를 따르는 충복 산초 판자의 캐릭터에 매료되는데, 그래서 이 소설은 그 둘이 겪는 흥미진진한 모험담으로 펼쳐진다. 물론 그 속에서 강한 파토스가 느껴진다. 이 이야기가 지금도 사랑받는 까닭은 그러한 캐릭터가 지금도 살아있기 때문이 아닐까.

〈돈키호테〉 2부에 '부자 카마초의 결혼식' 이야기가 나온다. 돈키호테와 산초가 어느 마을을 지나다 부자 카마초와 절세미인 키테리아의 결혼식에 참석하게 되는데, 잔치가 한창 무르익어갈 무렵 키테리아를 열렬히 사랑했던 가난한 젊은이 바실리오('바실'로 불리기도 함)가 나타나면서 펼쳐지는 에피소드다.

이를 바탕으로 각색한 발레 《돈키호테》는 아름답고 발랄한 여관집 딸 키트리와 가난하지만 낙천적인 젊은 이발사 바실리오가 우여곡절 끝에 결혼한다는 희극 작품.

발레 《돈키호테》는 1869년 마리우스 프티파 안무와 루드비히 밍쿠스 음악으로 러시아 볼쇼이극장에서 초연되었다. 스페인적 색채가 강하게 배어 있다고 할까, 빠르고 정열적인 춤이나 밝고 경쾌한 음악 역시 그렇다. (프티파는 직접 스페인에서 춤을 배웠던 경력이 있다.) 1900년 볼쇼이극장의 알렉산더 고르스키가 프티파식 발레를 넘어 더 극적인 연출을 강조해 선보인 이후, 시대와 나라마다 주요 안무가들이 각자 약간씩 변형된 버전을 내놓으면서 발전해 왔다.

* * * * * *

아메리칸발레시어터(ABT)의 《돈키호테》는 1978년 초연했던 미하일 바리쉬니코프 버전을 기본으로, 1990년대 중반 발레단 예술감독인 케빈 맥켄지와 수잔 제프가 연출한 작품이다. 특히 연출력이 돋보여 훨씬 흥미진진한 작품이 되었다는 평가를 받고 있다.

막이 오르면 활기찬 마을사람들로 가득 찬 스페인 바로셀로나의 광장이 나온다. 키트리는 바실과 사랑하는 사이지만, 아버지 로렌조는 딸을 부자인 가마슈에게 시집보내려고 한다. 키트리의 친구들과 거리의 댄서, 투우사들이 화려한 춤을 선보이는 가운데 돈키호테와 산초 판자가 도착한다. 돈키호테는 아름다운 키트리를 둘시네아(돈키호테는 자신을 용감한 기사로 착각하고 둘시네아를 세상의 위험으로부터 구하고자 모험을 떠났던 것)로 착각한다. 한바탕 소동이 벌어지는 동안 키트리와 바실은 몰래 도망간다.

2막에서 키트리와 바실이 도착한 곳은 마을 어귀의 한 집시촌. 집시들은 두 연인을 위해 춤을 춘다. 돈키호테는 야영지 주변에 있는 풍차를 보고 둘시네아를 공격하는 적군으로 착각하고 돌진하지만 결국 날개에 부딪쳐 추락한다. 정신을 잃고 쓰러진 돈키호테는 꿈속에서 요정의 나라로 가게 된다. 요정들이 돈키호테를 위해 춤을 춘다.

3막에서 로렌조는 키트리를 붙잡아 가마슈에게 끌고 온다. 이를 본 바실은 키트리와 결혼을 못하면 죽겠다고 단도로 가슴을 찌르고 쓰러진다. 위장자살임을 눈치챈 키트리는 돈키호테에게 죽어가는 바실의 소원을 들어주도록 아버지를 설득해달라고 부탁한다. 로렌조가 결혼을 허락하자마자 바실이 벌떡 일어난다. 둘은 결혼을 하고, 돈키호테는 환상의 여인 둘시네아를 찾아 새로운 모험의 길을 떠난다.

1막에서는 키트리와 바실의 솔로와 듀엣, 거리 댄서의 스페인춤과 투우사들의 박진감 넘치는 춤, 2막에서는 집시들의 정열적인 춤과 요정들의 상큼한 춤, 3막에서는 두 주인공의 그랑파드되가 화려하고 경쾌한 작품의 분위기를 지배해간다.

발레 《돈키호테》의 하이라이트는 3막 키트리와 바실의 결혼장면이다. 특히 빠른 템포에 현란한 고난도 테크닉이 끊이지 않은 키트리의 '부채 바리아시옹 솔로'는 잠깐 숨이 멎는 흥분감을 맛보게 한다.

ABT의 발레교사이자 《돈키호테》 코치인 이리나 콜파코나는 "키트리는 성격이 뚜렷하다. 자신있게 솔로를 추기 위해서 발레리나는 이것이 키트리와 바실의 결혼식임을 명심해야 한다"고 설명한다. 그리고 "부채를 펴는 것은 꽃이 피는 것처럼 위엄과 힘과 사랑의 완전함을 강조한다. 물론 키트리의 약간 외고집 기질의 성향과 매력은 절제하는 사람을 연상하게 하지만, 결혼식에서는 신뢰와 기쁨이 드러난다. 결국 진실한 사랑이 승리한다"며, 부채 바리아시옹에 담겨 있는 뜻을 이야기해준다.

《돈키호테》는 부채 실수에 관한 에피소드가 많다. 실제로 어떤 발레리나는 리허설 도중 부채를 가지고 춤을 추던 중 상대역에게 가볍게 던졌는데, 그가 이를 놓치는 바람에 열려 있는 스튜디오 창문 밖으로 날아가 버렸다고 한다. 그래서 부채를 끈으로 손목에 묶기도 한다고…. 공연에서는 한번 부채를 놓치면 다시 잡기가 어렵기 때문에 부채를 자유자재로 다룰 수 있어야 하고, 몸의 연장으로 보일 정도로 부채의 선과 팔의 라인이 하나처럼 펼쳐지는 게 중요하다.

* * * * * *

1940년 뉴욕에서 설립된 아메리칸발레시어터(ABT)는 미국을 대표하는 발레단이다. 유럽에서 건너온 발레무용수를 주축으로 미국 발레를 위해 조직되었으며, 처음에는 '발레시어터'로 불렸다가 1957년 '아메리칸발레시어터'로 개명되었다.

이 발레단의 전신이었던 모르드킨발레단(1937년 창단)에서 무용수로 활약했던 루시아 체이스, 그는 개인재산을 투자해 올리버 스미스와 함께 40년간 무용단을 이끌었다. 미하일 포킨과 레오니드 마신뿐만 아니라 아그네스 드 밀과 안토니 튜더는 새로운 작품을 안무하고 과거의 히트작을 무대에 올림으로써 무용단의 초석을 다지고 또 성장을 견인했다. 1980년 체이스 후임으로 미하일 바리시니코프가 예술감독을 맡아 약 10년간 재직했고, 1992년부터 현재의 예술감독 케빈 맥켄지가 이끌고 있다.

세계 최정상 발레단 중 하나인 ABT는 미국이라는 국가의 파워를 보여주기라도 하듯 점점 더 전 세계 유능한 무용수들을 빨아들이고(!) 있다. 고전부터 현대물까지 폭넓은 레퍼토리를 확보하며 20세기 후반 발레역사를 쓰고 있는 ABT, 빼어난 기량뿐만 아니라 독특한 개성이 넘치는 무용수들로 이른바 '스타 파워'를 증명하는 발레단이다.

* * * * * *

플라멩코 같은 정열적인 스페인 춤과 희극적인 마임이 가미된 색다른 발레 《돈키호테》 — 섹시하고 발랄한 키트리의 부채질, 그 유혹에 한번 빠져보는 건 어떨까.*

*아메리칸발레시어터(American Ballet Theater)는 《돈키호테(Don Quixote)》를 2008년 7월 31일~8월 3일 세종문화회관에서 공연했다.

장예모가 연출한 중국국립발레단의 《홍등》

잊히지 않는 그 여인의 이야기

"이것은 단지 연기에 지나지 않아.
잘하면 남을 속이게 되고, 못하면 자신을 속이게 되지."
'공리'가 없어도 '홍등'의 이야기는 계속 된다.

2008 베이징올림픽에서는 개막식이 큰 관심거리였다. 총감독 장예모는 '예술축제'를 연출하겠다고 공언했고, 언론에서는 영화적 상상력이 환상적으로 연출되었다고 극찬했다. 중국을 대표하는 스타이기도 한 장예모 감독은 블록버스터 영화를 제작해왔다. 그리고 오페라, 광고 등의 무대장치와 이미지를 만들어내는 등 활동범위를 넓혔으며, 근래에는 테크놀로지를 이용한 스타일을 창조해내고 있다.

그런 장예모 감독이 2001년 발레 《홍등》을 연출해 화제였다. 그가 만든 영화 중 가장 젊고 가장 어두운 작품으로 꼽히는 〈홍등〉을 바탕으로 만든 발레다. 장예모가 대본각색과 무대연출을, 청치강(베이징올림픽 음악감독)이 작곡을 맡았다. 안무는 독일과 미국 등지에서 활약하고 있는 왕신펑과 왕유엔유엔.

장예모는 인터뷰에서 "《홍등》을 택한 건 우연이었다. 발레단의 자오루헝 단장이 공연문제를 상의하러 나를 찾아왔을 때만 해도 특별한 작품이 정해지지는 않았었다. 그래서 나는 가극 배우를 등장시켜 노래 부르는 장면을 화면에 담았던 1991년 영화 〈홍등〉을 떠올렸다. 그 작품을 발레로 무대화하는 것은 어떨까 하는 생각이 들었다"고 과정을 설명했다.

그렇게 해서 3막으로 구성된 무용극 즉, 댄스시어터 요소가 강한 발레 한 편이 탄생했다. 장예모 감독은 "영화의 스토리를 따르면서 춤으로 재구성하는 것이, 마치 한 권의 책을 한 장으로 줄이는 것처럼 어려웠다"고 심정을 토로하기도 했다.

* * * * * *

영화 〈홍등〉은 1920년대 진대감이라는 집안에서 일어나는 일을 소재로 일부다처제였던 중국의 봉건사회를 반영한다. (아버지가 죽고 가세가 기울자) 열아홉 살의 송련이 계모의 강요로 아버지뻘 되는 진대감의 넷째부인으로 들어오면서 이야기가 시작된다.

대감이 잠자리를 같이 할 부인의 처소에 그날 밤 '홍등(紅燈)'이 켜지는 것이 가풍이다. 남자의 선택을 받기 위해 서로 시기하고 모략을 일삼는 부인들의 일상. 송련은 차츰 한낱 노리개에 불과한 자신의 존재를 자각하고 자괴감에 빠진다.

한편, 가극 배우 출신이었던 셋째부인은 자신의 방을 무대처럼 꾸미고 노래를 즐겨 부르곤 했다. 그런데 송련의 말실수로 셋째부인의 부정이 둘째부인에게 발각되고, 가풍에 따라 셋째부인은 처형당한다. 그것을 목격한 송련은 미쳐버린다. 그러나 진대감은 다섯째부인을 새로 맞아들이고 폐습은 지속된다는 내용….

이렇게 〈홍등〉은 남성에 의해 좌지우지되는 여성의 수동적 지위, 인권이 박탈당한 여인들의 비참한 암투를 통해 봉건제의 폐단과 부당함을 고발한다.

* * * * * *

무대화 작업을 위해 장예모는 원작(영화)의 스토리를 단순하면서도 더 드라마틱하게 바꿨다.

"1930년대, 한 젊은 여자가 영주의 세 번째 부인이 되기를 강요당한다. 서로 시기와 질투를 일삼고 있는 다른 두 부인은 마지못해 그녀를 맞이한다. 첫날밤 새색시는 연인인 경극 배우를 잊지 못하며 저항하지만 운명에서 벗어나지 못한다. 영주와 부인들은 경극을 좋아해 배우들을 집으로 초대하고 함께 마작을 즐기며 시간을 보낸다. 이 기회를 이용해 셋째부인은 자신의 연인을 몰래 만난다. 시기심 많은 둘째부인이 그들의 밀회를 영주에게 일러 총애를 다시 받고자 했으나 오히려 그를 더 격분하게 만들었다. 그러자 둘째부인은 저택의 홍등을 다 부숴버리며 점점 미쳐간다. 셋이 모두 사형당하는 날 둘째부인은 연인에게 용서를 구하고 그들은 화해한다."

사실 영화를 만들었던 1990년대 초 장예모와 지금의 장예모는 분명 다른 평가를 받고 있다. 과거 작품에는 사회를 향한 메시지가 있었지만, 최근 작품들은 시각적인 볼거리에 치중하며 상업성에 기울어져 있다는 평가 말이다. 발레작품도 마찬가지다. 어떤 비평가들은 고전발레, 쿵푸, 중국 전통 경극과 민속무용을 모두 도입한 무대가 오히려 무용수들의 기량과 안무를 저해한다고 주장했다. 이 작품이 '장예모 발레'로 각인될 것을 우려해서일까. 연출적인 장점이 부각될수록 안무와 춤에 대한 인상은 옅어지기 마련이다.

물론 과감한 색채와 스펙터클한 무대를 연출하는 데서 장예모의 개성은 도드라진다. 그는 경극이나 마작게임을 볼거리로 삽입하고, 연극과 영화 기술, 그림자극과 추적장면 등을 도입하여 춤에 활기를 주고자 했다. 마지막 폭력적인 사형집행 장면에서는 거대한 흰색 캔버스처럼 보이는 벽을 강타하는데, 붉은 페인트가 번지면서 피로 물드는 것과 같은 효과를 생각해냈다.

음악이며 의상이며 장치며 무대는 온통 중국적인 색채다. 예상하겠지만, 시각적으로도 붉은색이 지배적이다. 캄캄한 무대의 허공에 떠 있는 수십 개의 홍등. 그 붉은빛은 강렬하지만 어딘지 모르게 어두운 분위기를 연출한다. 봉건제의 비극이라는 주제를 암시라도 하듯….

《홍등》은 드라마발레인 만큼 극의 내용과 등장인물의 심리적 연기를 드러내는 춤이 주가 된다. 재회해서 몰래 사랑을 나누고 결국 비극적 죽음에 이르는, 젊은 연인의 2인무가 핵심이다. 그들의 순수하고 열정적인 사랑은 섬세하고 간결하면서도 한편으론 긴장감이 있다. 그리고 셋째부인과 둘째부인의 독무는 각 여성의 가련한 운명을 보여줘 애절한데, 춤에서는 버림받고 미쳐가는 둘째부인의 캐릭터가 좀 더 개성적이다. 3막, 사형을 앞두고 셋이 춤추는 장면은 구슬픈 음악연주가 더해지면서 비극성을 극대화한다.

* * * * * *

사실 중국 발레는 우리에게 잘 알려져 있지 않다. 《홍등》을 공연한 중국국립발레단은 1959년 구 소련의 모델을 따라 고전에 기반을 두고 '베이징발레단'(1980년 중국중앙발레단으로 개명)이라는 이름으로 출발했다. 1930년대 영국에서 발레를 배운 타이 아이리엔(중국발레의 선구자)이 공동설립자로 참여했고, 발레마스터는 당시 소련에서 온 표트르 구세프였다. 따라서 영국 스타일과 러시아 발레가 혼합되고, 서구의 발레와 현대무용 요소에 중국 전통의 민속춤과 곡예 그리고 군사적 요소 등이 융합되었다.

가장 유명한 대표작으로는 《홍색낭자군》(1964)이 있다. 중국 공산당의 군대인 '홍군'의 한 여성중대를 그린 동명의 영화를 바탕으로 만든 발레작품이다. 지금도 공연되고 있는 이 작품은 항일전쟁 때 하이난에서 반봉건 투쟁에 나선 여성들의 이야기를 극화한 것으로, 소련에서 발레를 배웠던 쟝주후이와 리청샹 등이 안무했다. 악덕 지주에게 착취당하던 어느 가난한 처녀농민이 간신히 탈출에 성공해 그 지역의 공산당을 만나게 되고, 그때부터 혁명적인 인생이 시작된다는 내용이다. 중국 공산당 군복과 모자를 쓴 무용수들이 출연하고 총이 주요 소품으로 등장한다.

본래 《홍색낭자군》은 봉건지주와 침입세력인 일본군에 맞선 공산당을 선전하기 위해 제작된 작품인데, 중국 문화혁명의 시기에 예술창작의 표준으로 제시되기도 했다. 또 중국 전통극보다 발레가 외교활동에 더 효과적이었기 때문에 국빈대접용으로 지정되기도 했다. 오늘날 시각에서 보면 '혁명'이라는 주제가 중국 사회의 힘겨운 역사를 대변하는 듯하다.

* * * * * *

중국의 국가역량이 커진 것과 맞물려 세계적으로 《홍등》에 주목하는 이유는, 이 작품이 2001년 베이징 초연 당시 중국의 예술적 변화를 상징했기 때문이다. 「뉴욕타임즈」의 기사가 이 점을 꼽는다.

"중국국립발레단은 《백조의 호수》와 같은 러시아 클래식발레에 중점을 두면서 마오쩌둥이 집권하던 기간에는 사회정치적인 내용이 강하고 민족적인 분위기를 담아냈었다. … 최근에 이르러 재정적인 자립을 요구받고 있는 발레단은 중국적인 요소를 더 많이 보여줄 수 있는 작품 중심으로 프로그램을 구성하고 있다. 장예모와 협력하여 〈홍등〉을 발레무대로 만든 것도 대규모 예산이 필요한 고전발레에서 벗어나 현대풍의 작품 쪽으로 방향을 잡으려는 방향전환의 일환으로 보인다."

중국 사회의 변화물결에 따라 예술도 변해야 했고, 춤은 그 중심에 있었다. 발레는 대표적인 서양예술이다. 그런데 뭔가 새로운 발레를 만들기 위해 중국이 택한 것이 무엇보다 '중국적인' 색채였다니. 재미가 있든 없든, 발레든 댄스시어터든, 장예모 발레든 아니든, 《홍등》이 중국 발레의 변화를 이끌어야 했던 예술적 시도였음을 기억하자.*

*《홍등》의 원제는 大紅燈籠高高掛, 영어명은 Raise the Red Lantern. 중국국립발레단은 2008년 10월 17~19일 성남아트센터에서 공연했다.

유니버설발레단의 《춘향》

내 나이 열여섯이었을 때 사랑에 빠졌고

그때부터 다른 세상에 살게 되었다. 모든 것 하나하나가
그토록 생기 있고 다채로우며 찬연하다는 사실에 감동했다.
꽃과 나무는 훨씬 더 싱그러웠고, 바람소리와 물소리도 듣게 되었다.
몽룡이 그네 타는 춘향을 보고 사랑에 빠졌던 그때처럼….

〈춘향전〉은 남원부사의 아들 이몽룡과 퇴기 월매의 외동딸 성춘향의 러브스토리. 이몽룡의 아버지가 서울로 전근을 가면서 두 사람은 생이별을 하게 되고, 이때 새로 부임한 남원부사 변학도가 수청을 들지 않은 춘향을 옥에 가두고 고초를 가한다. 몽룡에 향한 지조로 죽음의 위기에 처한 춘향, 바로 그때 과거에 급제한 몽룡이 암행어사가 되어 변학도의 악행을 처단하고 춘향을 구한다.

우리의 고전 이야기는 기본적으로 권선징악의 해피엔딩이며, 해학과 유머러스함, 선한 인간성이 내재되어 있다는 점이 특징이다. 가령 양반집 자제로 거드름을 피우는 몽룡이나 수줍어하는 새침데기 춘향, 기생들과의 놀음에서 호색한의 변모를 보이는 변학도, 딸만큼은 자신의 처지와 다르게 좋은 배필과 이어지기를 바라는 월매, 눈치 빠르고 장난스러운 방자나 향단 등에게서 따뜻한 인간미가 느껴진다. 또 사랑의 기쁨에 젖어 순수한 웃음과 수줍은 애틋함이 빛나는 춘향과 몽룡은 유쾌하고 발랄하다.

서양과 달리 한국적 정서란 소위 비극성이 없다는 것이다. 그래서 〈로미오와 줄리엣〉 같은 서양의 비극적 사랑이야기와 달리, 이별을 앞두고 애절한 안타까움이 있긴 하나 꼭 다시 만날 것을 기약하기에 희망적이다.

물론 이 이야기가 사랑받았던 것은 단순히 남녀의 지고지순한 사랑 때문이 아니었다. 특권계급의 전횡을 대표하는 변학도에 항거하며 몽룡에 대한 절개를 지키는 춘향의 모습이나 춘향과 몽룡의 신분을 초월한 사랑은 조선시대 민중들이 꿈꾸던 새로운 시대의 이미지였다. 이처럼 고전의 참의미는 시공간을 뛰어넘어 적용되는 의미심장한 메시지에 있지 않나 싶다.

* * * * * *

유니버설발레단이 춘향과 몽룡의 사랑을 주제로 한 발레작품을 만들었다. 두 청춘의 만남, 사랑, 이별, 재회에 이르는 스토리에 초점을 둔 발레 《춘향》은 원전에 충실하다. 춘향과 몽룡의 만남과 사랑과 이별을 담은 1막, 몽룡의 과거시험과 관직수여를 다루는 2막1장, 변학도의 잔치와 암행어사 출두를 내용으로 하는 2막2장 등 총 2막3장으로 이루어져 있다.

징소리가 울리며 막이 오른다. 무대 오른편엔 춘향이 몽룡을 향한 그리움으로 슬픔에 잠겨 있고, 왼편에는 월매가 정화수를 떠놓고 천지신명께 딸의 무사방면을 기원한다. 프롤로그 장면에 이어 1막이 시작되면 신록의 싱그러움이 넘실거리는 단오의 정경이 펼쳐진다. 화사한 꽃잎이 날리는 가운데 동네 처녀총각들이 한데 모여 즐겁게 춤을 춘다. 이때 '단오구경 가자'는 방자의 부추김에 넘어간 몽룡이 마을로 들어오고, 몽룡은 향단과 함께 그네를 타는 단아한 춘향을 발견하고 한눈에 반해….

한국 정서의 전통적 소재와 발레라는 서양적 예술형식이 결합된 발레 《춘향》은 유니버설발레단의 유병헌 감독이 안무를 맡아 지극히 한국적인 면면들을 그려내고 있다.

수건을 조심스레 접어 툭 흩뿌리는 모습은 살풀이춤을 연상시키고, 소고춤과 물동이춤 등 흥겨운 우리춤이 발레동작으로 펼쳐진다. 그밖에도 그네를 타는 모습, 다듬이질 하는 모습, 붓글씨를 쓰는 모습, 꽃놀이며 뱃놀이하는 모습, 궁에서 관직을 수여받는 모습, 탐관오리를 혼내주는 모습, 춘향과 몽룡이 사랑을 나누는 모습 등에서 발레 스텝과 한국무용의 상체 동작을 응용한 안무는 이 작품을 '한국적 발레'로서 주목받게 했다.

발레 《춘향》의 하이라이트는 '춘향과 몽룡의 사랑의 2인무'와 '과거시험과 암행어사 출두 장면의 남성군무'다. 1막에서 볼 수 있는 사랑의 듀엣은 부채에 연정의 글을 쓰는 몽룡과 치마폭으로 그 마음을 받아들인 춘향의 합방을 상징하는 춤이다. 몽룡이 춘향을 공중에 들어 올린 상황에서 회전과 이동을 반복하는 고공 리프트가 눈길을 사로잡는다. 2막의 남성군무는 거칠지 않은 남성춤의 색다른 매력을 발산한다. 선비들이 붓을 칼처럼 휘두르는 과거시험 장면에서는 기품과 비장함이, 역졸들이 변학도의 아전들을 벌하는 암행어사 출두 장면에서는 패기 넘치는 역동성이 표출된다.

발레 《춘향》의 무대는 부드럽고 온화하며 은근한 설렘을 불러일으키는 한국의 서정미로 가득 차 있다. 연두빛, 분홍빛 화사한 자연의 색보다 더 선명한 색감들이 화려하면서도 차분한 분위기를 연출하며 우리 민족 고유의 서정성을 예술적으로 묘사한다. 주인공의 만남과 사랑과 이별을 사계절로 나눠 시공간의 변화를 느끼게 하는 연출, 그리고 선과 색이 곱고 유려한 의상과 서정적인 오케스트라 음악. 이 모든 요소가 전통적인 정경을 세심하게 표출하며 감각적인 아름다움으로 한국의 이미지를 구현해낸다. 모든 색채가 지독히도 한국적이어서 마치 우리 발레가 조선시대부터 있었던 것 같은 착각이 든다.

* * * * * *

유니버설발레단은 1984년 창단 때부터 한국 고유의 발레작품에 대해 고민을 해왔다. 일찍이 문훈숙 단장은 한국을 대표하는 고전발레 3부작을 만들고 싶은 포부를 밝힌 바 있다. 그리고 부자간의 효를 주제로 한 '심청', 남녀간의 사랑을 주제로 한 '춘향', 형제간의 우애를 주제로 한 '흥부놀부'를 꼽았다. 에이드리언 델라스가 안무한 《심청》(1986)에 이어 유병헌 안무의 《춘향》, 머지않아 세 작품이 모두 완성되면 우리의 고전발레 레퍼토리로 자리매김할 것이다.

* * * * * *

우리 발레역사를 만들어가고 있는 국내 정상의 유니버설발레단은 서양의 클래식발레에서부터 현대발레 작품까지 폭넓게 소화해내고, 발레뮤지컬 등 발레의 대중화를 이끌고 있는 실력있는 프로단체. 또 연계된 학교를 기반으로 인재들을 키워내고 스타들을 만들어냈으며, 특히 우리나라 발레수준을 끌어올리며 발레 애호가층을 형성하는 등 우리 춤문화에 기여한 바가 크다.

누가 뭐래도 유니버설발레단 하면 '문훈숙' 단장이 떠오른다. 그는 기품있는 발레리나를 대변한다. 지금은 춤을 추지 않지만 공연때마다 여전히 무대에서 그의 모습을 볼 수 있다. 막이 내리면 그는 어김없이 인사를 하러 나온다. 무용수들에게, 연주자들에게, 그리고 관객들에게 감사의 인사를 한다. 기품 있는 외모뿐만 아니라,

한쪽 무릎을 살며시 굽히고 팔을 올렸다 내리며 고개를 숙이는 그 모습이 아름답다. 그의 진심어린 몸짓은 우리에게 발레에 대한 존중을 불러일으킨다.*

*유니버설발레단은 《춘향》을 2009년 6월 19~20일 고양아람누리 아람극장에서 공연했다.

유리 그리고로비치의《로미오와 줄리엣》

사랑한다면 그들처럼

그리운 사월이었다. 막연한 그리움이었다.
그토록 그리워하던 사월이 왔는데… 봄바람에 꽃잎들이 흩날리듯
그렇게 사월도 그만 흐트러져 버릴까봐 걱정부터 앞서다니.
사월, 봄꽃처럼 피어나는 최상의 아름다움(美)을 우리는 '사랑'이라 부른다.

20세기 러시아 클래식발레를 이끌었던 안무가 유리 그리고로비치. 어느덧 여든이 넘은 그는, 1927년 1월 2일 레닌그라드(→상트페테르부르크)에서 태어났다. 어릴 적 서커스를 접할 수 있었던 그는 곧 춤에 매료되어 그 길로 빠져들었다.

유리는 레닌그라드안무학교(→바가노바아카데미)를 졸업한 후 키로프발레단(→마린스키발레단)에서 솔로이스트로 춤추는데, 그때 우랄산맥의 전설을 소재로 한 작품 《석화》(1957), 사랑과 의무 사이의 갈등에 관한 작품 《사랑의 전설》(1961)을 발표해 안무가로서 두각을 나타냈다. 이 작품들의 성공으로 그는 유명해졌고, 37세의 나이에 모스크바 볼쇼이극장에 입성, 발레단 예술감독직을 맡게 되었다.

1964년부터 1995년 퇴임할 때까지 30여 년 간 볼쇼이발레단의 수장으로 있으면서 그는 볼쇼이발레 스타일, 즉 격렬한 스펙터클에 중점을 두는 화려하고 웅장한 무용극을 전 세계에 각인시키며 발레단의 명성을 드높였다. 또한 20세기 후반 러시아 클래식발레의 주도권을 전 세계에 확고히 하고 출중한 댄서들을 세계무대에 선보이는 데 기여했다.

유리 그리고로비치는 안무학교에서 배웠던 창작정신을 바탕으로 작품을 만들며 당대 소련 발레계의 새로운 경향을 주도했다. 즉,

팬터마임 발레 시절에 깊이 있는 표현력과 심리적인 통찰력으로 춤을 추게 했다.

《스파르타쿠스》(1968), 《폭군 이반》(1975), 《로미오와 줄리엣》(1979), 《황금시대》(1982) 등의 작품으로 명성을 획득했고, 또한 《잠자는 숲속의 미녀》, 《백조의 호수》, 《라이몬다》, 《라 바야데르》, 《돈키호테》, 《지젤》, 《해적》 등 과거의 명작들을 새로 다듬기도 했다.

보통 '고전' 발레의 개작은 안무가 개인의 취향을 반영한 것인데, 그리고로비치는 그러한 고전 대작발레들의 정통성을 잇고 있으면서도 훨씬 드라마틱한 발레를 만들고 싶어 했다. 종종 "내가 진정 좋아하지 않는다면 좋은 작품을 만들기 어렵다"고 말했던 그는 클래식발레의 전통에 뿌리를 두고 서 있었다. 위대한 유산을 분명히 인지하며, 앞 세대 예술가들의 지침에 따라 오늘날의 작품을 만든 것이다.

* * * * * *

그러한 대표작으로 《스파르타쿠스》를 들 수 있는데, 볼쇼이발레단의 간판이나 다름없는 이 작품은 세계적으로 빅히트를 기록했다.

고대 로마시대 노예반란의 지도자였던 검투사 스파르타쿠스를 소재로 한 이 발레는 본래 레오니드 야콥슨 안무와 아람 하차투리안 음악으로 1956년 키로프발레단이 초연했었다. 소련시대 혁명적 영웅주의 캐릭터와 더불어 고대 로마의 조각 같은 조형미가 반영된 이 작품은, 그리고로비치가 개작하여 새로운 버전으로 선보인 이후 '그리고로비치의 스파르타쿠스'로 알려지게 되었다.

검투사 스파르타쿠스와 성녀 같은 부인 프리지아, 부패한 장군 크라수스와 사악한 내연녀 애지나 등 4명의 주요인물 각자가 거대하고 조직적인 군무(군인들의 행진, 타락한 귀족들의 향연, 노예들의 반란)에 대조를 이루며 극적 장관을 연출한다. 무엇보다 이 작품은 검투장면 등을 통해 발레에서 남성댄서들을 독립적인 인물로 만들며 남성군무를 새로 썼다는 평가를 받았다.

힘 있는 폭발적인 안무가 가능한 이러한 남성춤은 섬세한 내면적인 표현과 심오한 철학적 코드를 바탕으로 한《로미오와 줄리엣》에서도 돋보인다. 머큐쇼(로미오의 친구)가 티볼트(줄리엣의 사촌)에게 죽고, 또 티볼트가 로미오에게 죽을 때까지, 이 세 남성무용수의 화려한 춤이 큰 볼거리다.

발레《로미오와 줄리엣》은 셰익스피어의 희곡을 원작으로 1940

년 1월 11일 레닌그라드 키로프극장에서 레오니드 라브로프스키 안무, 세르게이 프로코피예프 음악으로 키로프발레단이 초연했었다. 두 원수 가문의 자식들이 사랑에 빠져 비극적인 결말을 맞는 셰익스피어의 〈로미오와 줄리엣〉은 드라마 중에서도 가장 대중적으로 사랑받는 소재로서, 안무가들이 즐겨 창작하는 작품이기도 하다.

프랑스 파리오페라발레단의 세르주 리파, 독일 슈투트가르트발레단의 존 크랑코, 영국 로열발레단의 케네스 맥밀란 등 세계 여러 안무가들이 새로운 버전을 내놓았으며, 지금도 새 작품들이 계속 만들어지고 있다. 특히 러시아 버전으로는 유리 그리고로비치와 올레그 비노그라도프의 안무작이 있는데, 우리나라에서는 유니버설발레단이 1965년 비노그라도프 작품을, 국립발레단이 1979년 그리고로비치 작품을 공연하고 있다.

이처럼 발레 《로미오와 줄리엣》은 각기 다른 버전이 있지만, 한결같이 '연극보다 더 극적'이라는 평을 받는 작품이다. 이제 '로미오와 줄리엣'은 연극이 아니라 춤 작품으로 기억해야 할지도 모른다.

무엇보다 그리고로비치 버전 《로미오와 줄리엣》의 가장 큰 특징이라면 여전히 클래식발레의 전통이 깔려 있고, 이로써 고전미를 이 시대에 되살리고 있다는 점일 것이다. 국립발레단은 모든 의상과 무대장치 소품 등을 러시아 현지에서 직접 제작하여 러시아발레의 분위기를 최대한 살리는 데 중점을 두었다.

유리 그리고로비치 작품의 특징 중 하나는 정력적인 남성의 위엄과 서정적인 여성의 유연함이 안무의 주제가 된다는 점이다. 그리고 그가 그리는 여성 스타일의 대표격이 바로 자신의 부인 나탈리아 베스메르트노바였다. 볼쇼이발레단의 수석무용수였던 그는 1979년 초연 때부터 줄리엣 역을 맡았다.

베스메르트노바는 2001년 국립발레단이 《스파르타쿠스》를 공연했을 때 남편과 함께 내한해 주역들을 지도한 적이 있는데, 몇 해 전 67세의 나이로 생을 마감했다. 2008년 2월, 6주간의 예정으로 한국을 방문해 국립발레단원을 직접 지도하던 중 그리고로비치는 수술 후 아내가 위독하다는 전갈을 받고 급히 모스크바로 돌아갔으나 임종을 지키지 못했다고 한다.

* * * * * *

현대인에게 '로미오와 줄리엣'처럼 식상한 사랑이야기가 또 있을까. 하지만 또 로미오와 줄리엣이다. 그렇다. 발레 《로미오와 줄리엣》은 단지 두 원수 집안의 자식들이 빚어낸 비극적인 연애이야기가 아니라, 남녀 사랑의 감정이란 무엇인지를 말이 아니라 춤으로 보여준다. 춤에서 남녀 듀엣(2인무)은 가장 아름다운 몸짓을 표현하는데, 그것은 바로 사랑하는 이들의 움직임이기 때문이다.

러시아에서 발레를 공부한 사람들이 한결같이 하는 말이 있다. '정통' 고전발레의 매력이란 가슴 떨리는 황홀함, 마음 깊숙한 곳을 건드리는 뭉클함이 있다는 것이다. 아름다움이란 주관적이기도 하지만 또한 시간과 공간을 뛰어넘는 보편적 가치이기도 하다. 가볍고 약삭빠르게 살아야 하는 일상에서는 좀처럼 느낄 수 없는 감정, 깊은 내면을 울리는 감동을 클래식의 아름다움은 보여준다. 우리는 그 숭고한 아름다움에 빠져든다. 로미오와 줄리엣의 비극적인 사랑이야기로….*

*국립발레단은 유리 그리고로비치(Yuri Grigorovich)의 《로미오와 줄리엣(Romeo and Juliet)》을 2008년 4월 16~19일 국립극장 해오름극장에서 공연했다.

존 크랑코의《오네긴》과 강수진

그의 춤이 눈물이 되어

타티야나와 오네긴이 마지막 만나는 장면—
뒤늦게 진실한 사랑을 깨닫고 돌아와 애원하는 오네긴과
옛사랑에 대한 연민과 남편에 대한 의리에서 흔들리는 타티야나의 2인무.
가슴이 시리는, 어찌 보면 잔인한 장면이다. 그들이 울면 우리도 운다.

지금으로부터 50여 년 전 1961년, 독일 남부의 중소도시 슈투트가르트에 한 젊은 영국인 안무가가 도착한다. 30대 중반의 그 청년은 그 도시의 발레단에 예술감독으로 부임했고, 이듬해 《로미오와 줄리엣》을 공연해 성공을 거둔다. 이후 1965년 《오네긴》, 1969년 《말괄량이 길들이기》 등을 공연하면서 슈투트가르트발레단은 드라마발레의 명문으로 성장한다. 그 주인공이 바로 존 크랑코다.

1927년 8월 15일 남아프리카공화국 루스텐버그에서 태어난 존 크랑코는 10대 후반에 영국으로 건너가 20대 초반부터 안무가로서 인정받았다. 런던에서 안무한 첫 전막발레 《파고다의 왕자》(1957)를 1960년에 슈투트가르트발레단이 공연한 인연으로 이듬해 예술감독직을 맡게 되었다. 하지만 그는 전성기였던 1973년 6월 26일, 미국투어를 마치고 귀국하던 비행기 안에서 갑자기 숨을 거뒀다. 그의 나이 46세였다.

크랑코의 작품들은 후대 드라마발레의 한 모범이 되었다. 그의 작품은 극적인 구조를 살리면서 원작의 줄거리가 아니라 등장인물의 성격이나 심리를 표출하는 데 치중했다. 이러한 성공에는 작품마다 주역을 맡았던 발레리나 마르시아 하이데의 역할이 컸다. 하이데는 1937년 브라질에서 태어나 영국에서 활동하다 크랑코가 독일로 올 때 함께 왔으며, 후에 발레단의 예술감독직에 올라 특유의 집념으로 크랑코의 전통을 계승해 왔다.

* * * * * *

1986년 5월, 이 발레단에 열아홉 살 한국인이 입단했다. 강수진, 1967년 서울에서 태어난 그는 1985년 로잔발레콩쿠르에서 동양인 최초로 1위를 차지하면서 세계 발레무대에 발을 내딛었다. 그는 시련을 겪고 한계에 도전하며 훈련에 매진했고, 마침내 1993년《로미오와 줄리엣》으로 첫 주역을 맡았다. 그로부터 발레무용수가 얻을 수 있는 모든 영예로운 상을 다 받았고, 슈투트가르트발레단을 대표하는 세계적인 발레리나가 되었다.

강수진을 매개로 우리는 슈투트가르트발레단과 연을 맺고 있는 기분이 든다. 발레단은 여러 차례 내한공연을 가졌는데,《카멜리아 레이디》,《오네긴》,《로미오와 줄리엣》 등을 통해 독일 드라마발레를 직접 접하는 기회를 가질 수 있었다.

* * * * * *

'2007 한국을 빛내는 해외무용스타 초청공연'은 '강수진과 친구들'이라는 타이틀이 눈에 띈다. 강수진은 이리 옐리넥과 《오네긴》의 3막에서 애절한 사랑의 춤을 선보인다.

러시아 문호 알렉산드르 푸쉬킨의 소설 〈예브게니 오네긴〉은 운문형식으로 되어 있는데, (의미를 파악하며) 읽어내기가 쉽지 않다. 대신 줄거리는 간단하다.

주인공 오네긴이 사망한 친척의 유산상속을 위해 시골에 가는데, 그곳에서 렌스키라는 이웃을 알게 되고 그의 애인 올가의 집안과도 인사를 나눈다. 올가의 언니 타티야나는 오네긴에게 첫눈에 반해 사랑을 고백하지만 오네긴은 냉정하게 거절한다. 또 그는 사소한 불화로 결투를 벌인 렌스키를 죽게 만든다. 몇 년 뒤 오네긴은 한 사교모임에서 공작부인이 된 타티야나를 만나는데, 그때서야 사랑에 빠진다. 그러나 이번에는 타티야나가 그를 거절한다. 원작의 줄거리는 생각보다 밋밋하다. 어떤 극적 상황이 있지도 않다.

그런데 크랑코는 타티야나와 오네긴의 이루어지지 않는 사랑을 주제로 삼아 극적 긴장감을 살렸다. 네 명의 주요인물 간에 갈등을 만들고, 오네긴이 변덕스러우며 허무주의적 성격이라면 타티야나는 이와 정반대의 캐릭터로 설정한 것이다. 발레 《오네긴》에서는 철부지 소녀에서 기품 있는 숙녀로 성장하면서 심리적인 변화를 연기해야 하는 타티야나의 비중이 크다. 작품의 클라이맥스는 3막 타티야나와 오네긴이 마지막으로 만나는 장면이다.

춤은 본래 추상적이라 흔히들 어렵다고 하지만, 그래도 드라마발레는 모두들 좋아한다. 드라마발레의 인기는 단지 줄거리나 서사가 있어 이해하기 쉽기 때문이 아니다. 드라마발레에서는 인물이 중심이고, 보는 이가 그 인물에 감정이입이 되느냐 못 되느냐가 중요하며, 따라서 핵심은 인간에 대한 이해다. 연기하는 혹은 춤추는 이의 기쁨과 슬픔에 보는 이의 감정이 따라가지 못한다면 아무리 훌륭한 극이고 안무라할지라도 시시하게 끝나고 말 것이다.

발레 《오네긴》은 감수성 짙은 강수진의 매력이 돋보이는 작품으로, 애증과 비련의 미가 대중에게 호소력을 얻으며 인기를 끌었다. 강수진은 개인적으로 가장 마음에 드는 역으로 《오네긴》의 타티야나와 《카멜리아 레이디》의 마르그리트를 꼽는다.

* * * * * *

《카멜리아 레이디》는 1978년 존 노이마이어(영어식 발음은 뉴마이어)가 슈투트가르트발레단을 위해 안무한 작품이다. 1942년 2월 24일 미국 밀워키에서 태어난 노이마이어는 미국에서 수학하고 유럽에서 활동했다. 1963~69년 슈투트가르트발레단에서 활동했고, 오랫동안 독일 함부르크발레단 예술감독으로 있으면서 주로 문학작품을 소재로 한 발레를 안무해왔다.

크랑코 사망 후 슈투트가르트발레단의 첫 작품을 그가 맡았던 것. 《카멜리아 레이디》는 프랑스의 문호 알렉상드르 뒤마의 소설 〈동백꽃 아가씨〉가 원작이다. '동백꽃'이라는 뜻의 카멜리아는 여주인공 마르그리트가 좋아하는 꽃인데, '카멜리아 레이디'는 그녀의 애칭인 셈이다. 노이마이어 역시 마르그리트와 아르망의 이루어질 수 없는 사랑에 초점을 두었는데, 쇼팽의 피아노곡들이 주인공들의 내면연기와 극의 낭만적 주제와 이상적인 조화를 이루어 호평을 받았다. 이 작품 또한 강수진의 대표작이 되었는데, 이러한 드라마발레의 주인공들을 통해 인간 강수진도 함께 성숙해온 게 아닐까….

* * * * * *

몇 해 전 일이지만, 강수진의 그 유명한 '못생긴 발'이 처음 언론에 비춰졌을 때 그 충격은 두고두고 화제가 되었다. 그는 가장 토슈즈 소비가 많은 무용수였다. 연습은 멈추지 않았고 닳아지는 토슈즈만큼이나 발은 고통을 견뎌야 했다.

언제쯤 발레리나들의 발이 뭉개지지 않고도 그 아름다운 춤을 볼 수 있을까 마음아파하며, 발레역사가 몇 백 년인데 아직도 발레리나들의 발 하나 제대로 보호할 수 있는 토슈즈가 나오지 않는다고 신발업계의 기술을 원망하기도 했다. (무용신발 회사들이 분발하고 있으니 곧 좋아지겠지.)

사실 그 발만큼 인상적이었던 것은 강수진의 예술가적 태도였다. 그 비틀리고 흉측한 발에 대해 '이 발로 내가 춤을 추는 걸요. 아주 사랑스럽고 소중한 발이랍니다'라는 자연스러운 자신감 말이다. 몸에 대해 왜곡된 콤플렉스에 시달리고 있는 우리 사회가 유심히 새겨들어야 할 진실한 아름다움에 대한 이야기가 아닐는지….*

*'2007 한국을 빛내는 해외무용스타 초청공연 — 강수진과 친구들'은 2007년 7월 25~26일 LG 아트센터에서 공연되었다.

춤,
감성의 깊이를 느껴라

춤애호가들이 없다는 말은 옛말이 된 것 같다.
아니, 곰곰이 생각해보면 처음부터 그런 말은 없었지 않나 싶다.
춤에 열광하는 관객이 없었던 게 아니라, 오히려 그들을 열광케 할
춤이 드물지 않았나.

'세계발레스타 페스티벌' 공연소식은 춤애호가들을 설레게 한다. 세계 유수의 발레단에서 주역 무용수로 활동하고 있는 정상급 스타들을 초청해 클래식발레 명작 하이라이트와 컨템포러리발레 레퍼토리와 같은 춤을 선보이는 갈라공연. '세계발레스타초청공연'이란 이름으로 2000년에 시작한 이 축제는 2년마다 한번씩 7월 말에서 8월 초에 거쳐 '한여름 밤의 발레 향연'이었다. 명성 있는 발레스타들을 한 자리에서 만나볼 수 있는 보기 드문 기회일 뿐 아니라 이제껏 볼 수 없었던 매력적인 춤으로 일반인들을 단숨에 발레팬으로 만들어버린다.

본래 이탈리아 전통축제의 복장에서 유래한 '갈라(Gala)'는 축제, 잔치 같은 흥겨운 행사를 뜻한다. 공연에서는 주로 축하공연으로 이루어지는 행사를 말하는데, '갈라'라는 타이틀의 발레공연이 단독으로 열리기도 한다. 주로 주연급들이 작품의 주요 장면, 핵심부분을 발췌해 보여주는데, 인기 있는 댄서들과 작품들의 하이라이트를 한 자리에서 감상할 수 있는 무대다. 특히 한 무대에서 만날 수 없는 유명 발레리나들이 참여할 때 그 인기란….

《백조의 호수》, 《잠자는 숲속의 미녀》, 《돈키호테》, 《해적》, 《라이몬다》 등 클래식발레의 파드되는 갈라의 단골 레퍼토리다. 그래서 발레의 전막공연을 보지 않았더라도 유명한 파드되만은 알고 있는 경우가 많다. 그 외에 모던이나 컨템포러리 작품들도 자주 공연되는데, 특히 댄서들이 자신있어 하는 대표작들이 공연목록에 올라온다.

* * * * * *

몇 해 전, 공연을 앞두고 주최 측에서 마련한 기자간담회에 간 적이 있다. 10여 명이 넘는 출연자들과 식사하며 이야기를 나누는 자리. 그들은 평범한 옷차림에 수수한(?) 모습으로 등장했다. 어떤 이는 연습을 앞두고 있어 음식에 손도 안 대고, 어떤 이는 늘 잘 먹는다며 맛있게 식사를 마치는 등. 회장을 가득 메운 기자들만큼이나 그들 역시 낯설어했고 또 서먹한 분위기를 감추지 못했던 것으로 기억된다.

하지만 무엇보다 내게 인상적이었던 그날의 기억은 그들이 서로에 대해 강한 호기심을 보였다는 점이다. 자신들도 이름은 들어 왔고 어디선가 춤도 봤을 테지만 만날 기회는 없었던 스타들이기에 한 무대에 선다는 것에 대한 (그로써 비교가 되리라는 점에 대한) 긴장감과 라이벌의식이 아니었을까.

하지만 바로 다음날 있은 실제 무대에서 보니 비교란 무의미했다. 독특한 개성과 매력, 춤에 대한 타고난 감각, 완벽한 테크닉과 연기력 등 초청된 스타 무용수들이 보여준 춤과 작품 해석에 대한 깊이 — 그것은 춤을 이해하는 우리의 지평을 넓혀주었다.

그 중 유독 기억에 남는 두 사람, 파리오페라발레단의 마뉴엘 레그리와 뮌헨 바이에른주립발레단의 루치아 라카라.

* * * * * *

프랑스 발레의 자존심인 파리오페라발레단의 대표 수석무용수 마뉴엘 레그리. 1964년 파리에서 태어난 그는 1976년 파리오페라발레학교에 입학해 열여섯 어린 나이에 발레단에 입단했다. 그는 그때를 생생하게 기억했다.

"발레단에 들어가면 현실이 시작됩니다. 학교를 그만두고, 독립을 하고, 월급을 받지요. 아직 어른이 아닌데, 열여섯 살에 갑자기 어른의 세계로 한 걸음 들어가게 된 것입니다. 내 자신을 스스로 책임지며 여러 가지를 관리해야 했어요. 연습에 집중하지 않으면 다른 일에 쉽게 정신을 빼앗겨버리는 나이였기 때문에 더 위험하고도 중요한 시기였지요."

그는 클래식과 모던 발레 매 작품마다 완벽하게 변신하는 재능과 표현력이 탁월하다는 평가를 받고 있다. 어느덧 마흔 중반이 된 지금에 와서는 그의 춤을 무대에서 볼 수 있을 날이 얼마나 남았을까 하는 아쉬움이 앞선다.

발레단의 첫날 공연을 도맡아 온 그는 "나는 무대에 서 있는 것이 행복하다. 스트레스나 긴장감도 있지만, 그것은 연습만이 극복해줄 수 있는 문제라고 생각한다. 엄격한 훈련은 최고의 무용수에게는 필수다. 춤을 좀 잘 춘다고 해서 자만하는 것은 무용수의 태도가 아니다. 우리는 스타가 아니다. 우리가 표현하는 것이 우리를 스타로 만들 뿐이다"라며 겸손했다.

2008년 공연작인 지리 킬리안의 《구름》(1976)은, 드뷔시 음악을 반주로 듀엣으로 펼쳐지는 작품이다. 남성이 여성을 우아하게 들어 올리고 회전시키는 등 고난도 기교가 요구되는 갈라공연 인기작. 커플이란 상대방에 의해 그 존재감이 정해지기 마련, 각각 독립적인 존재였던 남녀가 만나 직물을 짜듯 관계를 엮어나가는 모습을 볼 수 있는 작품이다.

* * * * * *

1975년 스페인의 산 세바스티안 근교에서 태어난 루치아 라카

라. 그는 마드리드에서 빅토르 우야떼의 지도를 받았고, 1994년 프랑스 롤랑 프티의 마르세유발레단에 수석무용수로 입단했으며, 3년 후 미국 샌프란시스코발레단에서 활동했다. 2002년부터 독일 뮌헨의 바이에른주립발레단 수석으로 활동하고 있다.

우아하고 부드러운 자태와 뛰어난 표현력을 지니고 있어 드라마발레 등 개성 있는 작품에서도 두드러지며, 전 세계적으로 사랑받는 발레리나 가운데 한 명이다. 또 동료이자 남편인 시릴 피에르(프랑스 출신)와 세계 여러 갈라무대에서 완벽한 호흡의 파트너십을 자랑하는 커플이기도 하다.

라카라는 "시릴의 (신체적 정신적) 안정감 있는 지지 덕분에 나는 훨씬 춤을 더 잘 추게 되었다"며 무한한 신뢰를 비춘 적이 있다. 사랑하는 연인 사이에서 가장 중요한 건 템포인데, 그 템포가 춤에서도 가장 중요하다고 했다. "어떤 부분에서 템포가 너무 빠르면 나는 스텝을 잃게 돼요. 그런데 시릴은 그보다 앞서 내 마음을 읽어내지요."

또, 그는 세계 갈라공연에 자주 초청되며 존재를 각인시키는 발레리나이기도 한데, "우리는 하늘을 날아 세상을 누비며 춤을 춘다. 하지만 내 자신을 거스를 수는 없다. 나는 꿈을 꾸지 않는다. 내 영혼은 내가 춤추는 순간 바로 거기 있다"며 어떤 무대든 자신감을 내비쳤다.

2004년 공연에서 '백조'의 감동을 안겨주었던 루치아 라카라. '아~!' 관객들의 짧은 탄성과 감탄이 절로 나오게 했던, 그 순간이 아직도 눈앞에 선하다. 그때의 충격과 작은 동요를 잊지 못한 팬들이 많으리라.

2008년 공연작인 롤랑 프티의 《타이스 파드되》는 러시아 전설의 발레리나 안나 파블로바에게 헌정한 작품 《마 파블로바》(1986)에 삽입되어 있는 부분인데, 발췌하여 갈라공연에서 자주 공연된다. 음악(슈만의 〈타이스 명상곡〉)이 참 아름다운 작품이다. 하지만 음악의 존재를 잊게 해주는 춤, 그녀의 몸짓은 리듬이 되고 선율이 된다.

* * * * * *

발레유산이 턱없이 부족한 우리는 늘 자산이 풍부한 외국 발레단을 부러워한다. 그리고 늘 목마르다. 발레 스타들의 초청공연으로 갈증을 약간 해소할 수 있을지 모른다. 하지만 여전히 무대 막이 내리면 마음 한구석은 아쉬움만 가득하다. 갈라공연이라는 것이, 너무도 짧은 공연시간이어서 어딘지 모를 허전함이 남는다. 우리의 감성은 아직 다 채워지지 않았다. 그래서 매번 다음 공연을 손꼽아 기다리게 되는 건 아닐까.*

*'2008 세계발레스타 페스티벌'은 2008년 6월 5~6일 세종문화회관 대극장에서 공연되었다. 마뉴엘 레그리(Manuel Legris)는 2009년 은퇴하고 2010년 오스트리아의 빈국립오페라극장의 발레감독으로 부임했다. 루치아 라카라(Lucia Lacarra)는 2008년 공연에 출연하지 못했는데, 공연직전에 알게 된 국내 팬들의 실망이 컸다.

IV

춤,
느끼다

"태초에 춤이 있었다. 말이 아니라."

— 루돌프 폰 라반

바흐의 음악과 조지 발란신의 《콘체르토 바로코》

오늘밤,
그대가 생각납니다

혹시… 당신도 보셨나요?

아떼르발레또의 공연에 다녀왔어요. 여느 때와 마찬가지로,

지하철 3호선 동대입구역에 내려서 국립극장까지 걸어갔어요.

가을시즌 오페라와 연극을 보려고, 은행잎을 밟으며 함께 걸었던 그 길을.

국립극장이 남산에 있어 좋아했지요. 그렇지 않다면 가을밤 남산길을 걸을 일이 없을 테고, 그 정취를 느껴보지도 못할 테니까요.

이탈리아 안무가 마우로 비곤쩨띠가 안무한 《바흐 예찬》과 《로시니 카드》를 봤어요. 《바흐예찬》은 바흐의 서거 250주년을 기념해 헌정한 특별작품이라고 하네요. 바흐의 유명한 여러 곡들을 이용해서 안무를 했는데, 바흐의 완전한 음악적 형식에 매료된 것처럼 비곤쩨띠는 안무에서 치밀하고 정교한 구성을 보여주었습니다. 신체가 음을 연주한다는 것이 그런 것이겠지요.

당신은 바흐 음악을 좋아했었지요. 저는 클래식음악에 통 취미가 없었지만, 학생회관 2층에 있던 고전음악 감상실에 자주 갔어요. 공강 시간이면 당신이 늘 그곳에 있었으니까요. 오늘의 연주목록은 자세히 '읽어보지만' 음악은 건성으로 듣고…, 그래도 조용하고 사람도 별로 없던 그곳에서 휴식을 취하곤 했지요. 문과대와 가까워서 자주 이용할 수 있었죠.

* * * * * *

집에 돌아와 바흐의 〈두 대의 바이올린을 위한 협주곡〉을 듣습니다. 이 곡은 미국의 유명한 안무가 조지 발란신에게 큰 영향을 준 음악이에요. 발란신은 이 음악으로 《콘체르토 바로코》라는 작품을 만들었습니다.

그는 처음에 걱정을 했었다고 해요. 이 '순수' 음악을 발레의 반주로 사용한다면 음악애호가들의 분노를 사지 않을까 하고…. 하지만 이처럼 아름다운 음악을 듣고 안무가가 춤을 생각하지 않을 수 있겠어요? 음악을 들으면서 발란신의 머릿속에는 아름다운 발레리나들의 움직임이 그려졌겠지요.

〈두 대의 바이올린을 위한 협주곡〉은 두 명의 바이올린 독주자가 서로의 선율을 모방하며 진행되잖아요. 그 둘이 동질의 통일성 있는 음색을 보여주는 것이 중요해서 어떻게 보면 엄격하다는 느낌이 들고, 또한 주제가 나오고 그 뒤에 주제를 똑같이 연주하는 푸가 형식이 연상되고. 바흐의 협주곡은 흔히 독주자와 오케스트라가 서로 경쟁하고 협력하는 대등한 관계를 보여준다고 하죠. 그것이야말로 바로크의 이상, 즉 '상반된 요소의 대비'라는 측면이니까요. 이 곡은 이러한 특성을 잘 드러냅니다.

18분가량의 작품 《콘체르토 바로코》는 바흐의 곡에 따라 안무되었습니다. 여성 독무자 2인, 남성 독무자 1인, 여성무용수 8인이 출연해요. 1악장(Vivace)에서 두 명의 발레리나는 두 대의 바이올린을, 여덟 명의 군무는 오케스트라를 뜻하는 것이지요. 2악장(Largo, ma non tanto)에서는 파드되를 위해 남성댄서가 합류합니다. 마지막 3악장(Allegro)에서 전체 앙상블이 바흐 음악의 당김음과 리드미컬한 활력을 표현하고 있지요.

이 작품은 본래 아메리칸발레스쿨 학생들의 훈련을 위해 만들어졌지만, 1941년 아메리칸발레카라반의 남미투어 때 리우데자네이루에서 초연된 이후 1948년 뉴욕시티발레단이 넘겨받았지요.

무대에는 어떤 장식도 없고 플롯이라고 할 만한 줄거리도 없이 오직 음악이 춤으로 변환되고 있을 뿐이에요. 발란신은 이 작품에서 클래식발레 동작의 규범을 따르면서도 민첩하고 섬세한 정확함이 있는 스텝, 내밀어진 허리부분, 몸 쪽으로 바싹 당겨진 무릎과 발의 위치를 나란히 하는 등 발레동작을 확장시켰는데, 이는 후대 발레의 동작어휘에 큰 영향을 끼쳤습니다.

＊＊＊＊＊＊

조지 발란신은 미국의 발레 발전에 크게 기여한 무용가입니다. 그는 1904년 1월 22일 러시아 상트페테르부르크에서 태어나 1983

년 4월 30일 미국 뉴욕에서 사망했습니다. 상트페테르부르크의 황실발레학교에서 교육을 받았고, 1924년 당시 소련의 무용수들이 서유럽으로 순회공연을 떠났을 때 그곳에서 세르게이 디아길레프를 만나 '발레뤼스'를 위해 《아폴로》(1928) 등을 안무했지요. 하지만 얼마 안 있어 디아길레프가 죽자 발란신은 파리오페라발레단 등에서 작업하다 1934년 링컨 커스타인의 초청으로 미국으로 건너갔습니다.

커스타인의 후원 하에 발란신은 뉴욕에 발레학교를 세우고, 그로부터 '아메리칸발레단'이 창단되었지요. 그는 발레단뿐만 아니라 뮤지컬과 영화 작업에도 안무가로 활동했고, 이후 발레소사이어티(1948년 뉴욕시티발레단으로 개명)의 창단에도 가담했습니다. 뉴욕시티발레단(NYCB)을 기반으로 발란신의 스타일은 확립될 수 있었고, 줄거리가 없이 음악과 아주 밀접하게 관계된 그의 작품들은 이 발레단의 레퍼토리가 되었답니다.

* * * * * *

바흐의 곡 같은 순수음악을 반주로 춤을 만든다는 것은 안무가들에게는 늘 도전이나 다름없었습니다. 성역의 침해나 다름없는 행위로 받아들여지기 쉽고, 아주 잘하지 않으면 음악을 모독했다며 비난을 받을 뿐이니까요. 하지만 이제 춤의 영역은 확장되었고 수준도 높아졌으며 끝없이 발전하고 있어서 '성스러운' 음악까지도 춤을 동반하여 무대에 나옵니다.

바흐의 곡을 연주한(?) 춤들이 더 있어요. 가령, 독일 함부르크발레단의 예술감독 존 노이마이어의 《마태수난》, 스위스 취리히발레단의 예술감독 하인츠 스푀를리의 《골드베르크 변주》가 그렇습니다. 또한 이스라엘의 안무가 오하드 나하린의 《악시오마(Axioma) 7》도 인상적이고요.

나하린의 《악시오마 7》은 바흐의 〈브란덴부르크 협주곡 4번〉을 반주로 해서 안무한 감동적인 작품입니다. 바흐는 괴텐 공의 궁정악단을 위해 작곡해두었던 여섯 곡의 협주곡을 정리해 브란덴부르크 공 크리스티안 루드비히에게 바쳤고, 이 곡들은 '브란덴부르크'라는 명칭이 붙었잖아요. 독주 그룹과 합주 그룹이 대비되는 이 협주곡들은 당대 사용가능한 악기편성이 다 동원된 만큼 화려하다지요. 그 중 두 대의 리코더와 한 대의 바이올린이 독주자로 등장하는 4번 협주곡은 1악장과 3악장에서 독주 파트의 활약이 두드러진 특징이 있어요.

《악시오마 7》은 이러한 음악의 작곡원리들이 춤으로 각색된 예입니다. 1악장(Allegro), 2악장(Andante), 3악장(Presto)으로 된 약 18분가량의 음악에 맞춰, 1부는 그룹이 반복적이고 변주되는 악절의 형태를 보이고, 2부는 다양한 독무가 펼쳐집니다. 3부는 '다성의' 움직임이 나오는데, 그룹에 개인을 끼어 넣듯이 말이에요.

솔직히 아름다운 음악에 맞춘 춤이라 하면 늘 빤한 생각이 들죠. 음악이 좋으면 뭘 추어도 감동적일 수밖에 없다고…. 하지만 이 작품들은 그러한 단순한 아름다움에 그치지 않습니다. 그 이상이에요. 음악의 구조를 신체로 형상화한다고 할까요. 음악의 내용이나 형식을 구조화하는 안무를 보는 즐거움이 큽니다. 그러니 무엇보다 음악을 안다면 훨씬 더 깊이 있는 감상을 할 수 있겠죠.

* * * * * *

아~, 이야기가 밤새도록 끝없이 이어질 것 같네요. 둘이 같이 테니스나 탁구를 칠 수는 있어도 음악을 듣거나 영화나 공연을 보거나 책을 읽는 ― 이런 것들은 함께 할 수 없는 일이라고, 각자 혼자서 즐기는 것이 최선이라고 우리는 합의했지요.

그대, 아직도 그런가요?*

*아떼르발레또(Aterballetto)는 2007년 10월 4일 국립극장 해오름극장에서 마우로 비곤쩨띠(Mauro Bigonzetti)의 《바흐예찬(Omaggio A Bach)》과 《로시니 카드(Rossini Cards)》를 공연했다. 조지 발란신(George Balanchine)의 《콘체르토 바로코(Concerto Barocco)》는 2008년 8월 28일 고양아람누리 아람극장에서 보스턴발레단이 내한 공연한 바 있다.

줄리엣 비노쉬 & 아크람 칸의 《인 아이》

모호한 충돌, 그건 사랑의 다른 이름

둘이 마주본다. 고요한 침묵뿐.

그런데 무슨 소리가 들린다. 둘 사이에 어떤 언어가 생겨난다.

그 둘만이 들을 수 있고 말할 수 있는 언어 — 몸짓.

그의 움직임이 내 심장에서 울리고 있다. 심장이 뛴다. 리듬이 생겨난다.

프랑스 영화배우 줄리엣 비노쉬와 영국 무용가 아크람 칸이 만났다. 이질적인 요소의 충돌, 그것이 만들어내는 에너지에 빛깔이 있다면 무슨 색일까?

남녀 간 사랑의 형식을 탐험하는 작품 《인 아이》는 2008년 9월 런던에서 초연되었다. 영국국립극장과 영국영화협회는 '줄리엣 비노쉬에게 헌정함'이라는 행사를 마련했는데, 비노쉬의 영화들이 회고전 형식으로 상영되고 그의 그림과 시들을 모아 전시했다. 줄리엣 비노쉬와 아크람 칸의 듀엣 《인 아이》도 그 행사의 일부였던 것.

본래 제목 'Inside Eye'를 두고 무대디자이너 아니쉬 카푸어가 좀 더 추상적으로, 어떤 신비로움이 스며있는 게 좋겠다고 해서 'In-I'로 제목을 정했다고 한다.

프랑스를 대표하는 세계적인 영화배우 줄리엣 비노쉬는 1964년 파리에서 태어났다. 이지적이면서도 감성적인 연기로 유명한 그는 〈나쁜 피〉, 〈프라하의 봄〉, 〈퐁네프의 연인들〉 등에 출연해 강렬한 인상을 남기며 1980~90년대 절정에 올랐다. 특히 키에슬로프스키 감독의 '세 가지 색' 시리즈 중 〈블루〉에서 독특한 감성을 창조해냈던, 개성 있는 배우다.

1974년 런던에서 태어난 아크람 칸은 방글라데시계 영국인이다.

일곱 살에 춤을 시작했고 인도의 고전무용 '카탁'을 배웠다. 10대 때 피터 브룩이 연출한 연극 〈마하바라타〉에 아역으로 출연하며 처음으로 무대에 섰다. 이 무대경험을 계기로 컨템포러리댄스를 배웠고, 벨기에 안무가 안느 테레사 드 케이르스마커의 프로젝트에도 참여했다.

그는 훗날 컨템포러리댄스를 접했을 때 받았던 충격에 대해 "두 가지 춤의 형태가 충돌했다. 그 순간 뭔가 폭발하듯, 내 몸에서 특별한 움직임이 생성되었다"고 말하며, 그때부터 자신만의 '몸의 언어'를 창조하겠노라고 다짐했다.

칸은 2000년에 개인 무용단을 창단하고 안무작 《카쉬》(2002), 《마》(2004) 등을 발표하며 점차 유명해졌다.

이러한 약력이 말해주듯, 칸은 혈통적 문화유산인 인도 고전무용 카탁과 서양의 컨템포러리댄스를 잘 녹여내어 구분이 안 되게 통합한다. 이로써 이질적인 문화를 초월하는 춤작업을 하고 있다는 평가를 받는 안무가다. 그래서 '아크람 칸' 하면 제일 먼저 떠오르는 이미지가 '융합'이다.

* * * * * *

이번 공동작업 외에도, 칸의 이전 프로젝트인 벨기에 안무가 시디 라르비 셰르카위와의 듀엣 《제로 디그리》(2005)나 프랑스 발레리나 실비 길렘과의 듀엣 《신성한 괴물들》(2006) 또한 성공적이었다. 길렘과 셰르카위라는 탁월한 파트너의 공이 컸을 것이다. 그런 점에서 이번 비노쉬와의 작업은 모험이나 다름없다.

40대 중반의 비노쉬는 탁월한 배우일 뿐만 아니라 그림도 그렸고 시도 썼던 다재다능한 예술가이긴 하지만 춤추는 것은 처음이다. 이 공연을 위해 그 어떤 댄서보다도 진지하게 2여년에 걸쳐 훈련을 받았다고는 하지만….

그들도 안다, 이번 프로젝트가 모험이라는 것을. 하지만 비노쉬는 예술가로서 자신의 본분인양 춤작업을 기꺼이 즐겼다. "나를 매료시킨 것은 움직임과 그 움직임의 신비로움입니다. 춤은 움직임이지요. 미술 역시 움직임이고 연기 역시도 움직임입니다."

그는 칸과의 춤작업에 대해 소감을 밝혔다. "새로운 욕구, 희망, 비전이 충돌하고 그것을 나누는 것입니다. 아크람과 나는 우리 자신을 발견하는 길 한가운데 서있다고 할 수 있지요." 칸 역시 "다른 누구보다도 줄리엣은 전혀 예상하지 못한 방향으로 나를 밀고 갔는데, 내 평생 가장 도전적인 경험이었다"고 말했다.

하지만 잇따른 칸의 협력 및 공동 작업을 두고 한편에서는 부정적이었다. 파트너의 유명세로 관심을 모으는 이벤트에 능하다는 것, 무엇보다 그가 '이(異)문화의 충돌과 융합'을 보여주는 카탁과 컨템포러리댄스의 혼합이 사실 춤이나 작품 자체로서는 특별하지도 혁신적이지도 않다고.

왜 칸은 이러한 논란의 중심에 서 있는가? 그가 두각을 나타내기 시작한 '2000년'이라는 그 시간이 문제다. 새 밀레니엄의 시대가 열린 그때 칸은 영국 춤계의 총아로 보도되기 시작했다. '다문화주의'야말로 새 천년의 시대정신에 들어맞는, 예술계의 표어 내지 구호나 다름없었으니까.

그는 'cross-cultural'의 아이콘으로 이슈화되었고, 이 때문에 부정도 긍정도 받는 것이다. 서양에서 내놓은 비전이 겨우 동양적인 것과의 융합인가 하는 회의, 그리고 영국의 문화주도 전략으로 만들어진 상품이라는 의심의 눈길이 끊이지 않았다.

그런 맥락에서 볼 때, 줄리엣 비노쉬와의 작업도 이슈는 '두 이질적인 요소의 만남'이라는 데 있다. 국적도 다르고 성별도 다르고 직업도 다르다. 태생도, 자라온 환경도, 경험도 다르다. 무엇 하나 공유하고 있을 것 같지 않은 두 사람. 그리고 이러한 요소들의 부딪

침이 궁극적으로 지향하는 바는 '새로운 성질의 무엇'을 탄생시키는 것이다.

비노쉬와 칸은 그 점을 잘 알고 있었다. "우리는 서로의 지성과 감성을 나눈다는 일을 근사하게 생각했습니다. 우리는 '아니, 서로의 경험을 나누지 말자. 새로운 무엇을 창조하자'고 말했지요."

물론 이슈나 비노쉬만큼이나 우리에게 중요한 것은 당연히 춤이다. 아크람 칸이 탁월한 댄서라는 점은 분명하니까. 그는 '춤을 춘다.' 클래식발레에는 없는 것, 댄서가 무언가 즉흥적이고 자발적으로 만들어낼 수 있는 몸짓이 있다. 아마도 전통춤 카탁을 배웠기 때문에 가능할 것이다. 이 공연에서도 칸은 무대를 단순하게 구성하여 오직 두 사람의 춤, 몸짓의 대화에 집중하게 한다. 그가 바라는 점은 딱 하나, 관객들이 육체적으로 또 감정적으로 움직이는 것이다.

* * * * * *

그렇다, 《인 아이》는 어쩌면 '완벽하지 않음'에 매력이 있을지도 모른다. 두 예술가는 《인 아이》에서 사랑을 꿈꾸고 아픔과 상실을 이야기한다. 작품의 주인공은 줄리엣 비노쉬이며, 따라서 무대는 그의 감성으로 채워진다.

젊은이들은 이성에 대한 환상으로 사랑을 시작한다. 서로에게 빠져들 수 있는 열정이 있다. 그리고 환상이 깨지면서 힘들어하고 염증을 느끼며 오해하고 싸운다. 그 과정을 통해 어른이 된다. 서로 다르다는 것을 알게 되고 나아가 그 다른 성질에서 즐거움을 발견할 줄 아는 것이야말로 진정한 성숙이다. 연인들은 존재만으로도 서로의 에너지가 끊임없이 부딪치기 때문에 다른 관계보다 훨씬 더 쉽게 상처받고 훨씬 더 아프다. 또한 그 어떤 관계에서도 얻을 수 없는 특별한 환희를 느끼게 된다. 그렇게 《인 아이》는 한 편의 감성적인 사랑이야기다.

비노쉬 특유의 활달함과 유연함이 칸의 서정적이고 열정적인 개성과 충돌한다. 두 사람이 무용스튜디오에서 처음 만났을 때 그들은 스타가 아니었다. 오직 내면의 진실과 순수한 새로움을 찾아나서는 호기심 가득한 아이들 같았다고…. 《인 아이》 공연은 '쇼'가 아닌, 의미있는 어떤 곳을 향해 내딛는 발걸음일 것이다.*

*줄리엣 비노쉬(Juliette Binoche)와 아크람 칸(Akram Khan)의 듀엣 《인 아이(In-I)》는 2009년 3월 19~21일 LG아트센터에서 공연되었다.

사비온 글로버의 탭댄스와 영화 〈해피 피트〉

내가 누군지, 춤은 말해주지요

경쾌한 울림이 리드미컬하다. 딱. 딱. 따닥. 따닥. 따다닥~♪.
둔탁해 보이는 신발이 그토록 섬세하고 살랑거리는 소리를 만들어내는 게
신기하다. 귀를 막고 그 발짓만 보고 있어도 소리가 들리는 것 같다.
아, 보기만 해도 신나는 발 — 해피 피트(happy feet)여!

시내 영화관 벽면에 걸린 대형 포스터. 시원해 보이는 남극 빙하를 배경으로 깜찍한 펭귄이 탭댄스를 추고 있다. 그 앙증맞은 펭귄이 애니메이션 〈해피 피트〉의 주인공 캐릭터다. 이름은 멈블, 노래를 못하면 이방인으로 취급되는 왕국의 유일한 음치 펭귄이다.

엉뚱하게도 춤에 천부적인 재능을 타고난 멈블은 노래실력이 형편없어 무리에게 핍박받고 따돌림 당한다. 늘 놀림을 받으며 안 좋은 일만 겪지만 낙관적인 멈블은 절대 절망하지 않는다. 원래 탁월한 춤재능에는 긍정적인 성격이 자동으로 따라오기라도 하듯…. 멈블은 자신의 발과 자신의 존재에 대해 신념을 잃지 않고 여러 난관을 극복해나간다. 그리하여 결국 춤으로 다른 이들의 마음을 움직이고 위기에 빠진 나라를 구하며 사랑하는 이와 행복하게 잘살게 된다.

이런 고전적인(?) 스토리에 감동받긴 어렵겠지만, 폭풍을 거스르며 추는 멈블의 춤에는 분명 감동할 것이다. 내용만 보면 펭귄 한 마리가 신나는 음악에 맞춰 어설픈 율동을 하는 어린이용 만화영화를 생각하기 십다. 더구나 '숏다리로 뒤뚱거리며 물갈퀴 같은 날개를 나름 파닥거리는 포동포동하고 땅딸막한 바다새'라고 일컬어지는 펭귄이 그 주인공 아닌가! 그런 펭귄이 춤을 춘다니 우스꽝스러운 제스처로 웃음을 자아내 우리를 즐겁게 할 거라고 생각하기 쉽지만, 직접 눈으로 보지 않고는 그 어떤 상상도 하지 말라고 했다.

* * * * * *

탭댄스 애호가들은 멈블의 춤에 강한 친근감을 느꼈을 것이다. 그 춤은 세계적인 탭댄서 사비온 글로버의 춤이기 때문이다. 1973년 11월 19일 뉴저지 주에서 태어난 사비온 글로버는 열두 살 어린 나이에 브로드웨이 뮤지컬 〈탭댄스 키드〉에서 두각을 나타나기 시작, 텔레비전과 영화, 재즈연주회 등 활동무대를 무제한 넓히며 실력을 과시했다. 1995년에는 《노이즈&펑크》라는 작품을 공연, 스물셋의 나이에 토니상을 받았다.

또 한 명의 탭댄스계 전설인 그레고리 하인즈는 "사비온 글로버는 탭댄스를 인식하는 우리의 방식을 바꾸어 놓았다"고 말한 적이 있는데, 사비온은 심장을 터트릴 듯한 폭발적인 에너지와 사운드로 대중을 열광시키며 1990년대 미국 탭의 선풍적인 붐을 주도했다. 정말이지 그의 리듬감과 발놀림은 감탄을 넘어 열광으로 몰고 간다.

탭댄스는 미국에 노예로 끌려온 아프리카계 미국인과 아일랜드

나 스코틀랜드 이민자의 민속춤이 만나 탄생했다. 민중의 춤에서 오늘날 무대춤으로 발전되기까지, 거기에는 혁신적이고 출중한 댄서들이 있었다. 현존 최고의 탭댄서 사비온은 상업용 춤 범위에서 고전하고 있던 탭댄스를 새로운 수준의 예술양식으로 만들었다는 평가를 받았다.

탭은 브로드웨이, 리듬, 재즈, 라틴, 펑크, 락 하는 식으로 명칭이 정해지고 있지만, 이러한 브랜드는 모두 탭댄서 개인이 스스로 발견해낸 것들이다. 그래서 탭댄스는 '춤추는 사람이 있기 때문에 춤이 있다'는 말에 꼭 들어맞는 장르인지도 모른다.

매 공연마다 화제였던 사비온은 2005년에 '사비온 클래식'이라는 타이틀로, 비발디, 피아졸라, 바흐, 바르톡, 멘델스존 등 클래식 음악에 맞춰 탭댄스를 선보여 찬사를 받기도 했다.

* * * * * *

〈해피 피트〉의 감독 조지 밀러는 "탭댄스에 천부적인 재능을 가진 멈블의 이야기를 풀어나가기 위해서는 한 가지 방법밖에 없었다"고 고백했다. 그 어떤 위대한 만화가라도, 그 어떤 최첨단 기술로도 천재 탭댄서 한 사람의 동작이 가지고 있는 뉘앙스를 묘사해낼 수 없다는 걸 깨달았기 때문에, 이 시대 최고의 탭댄서 사비온을 선택할 수밖에 없었다는 것이다.

사비온의 춤이 멈블의 춤이 되는 데는 모션캡처 테크놀로지가 이용되었다. 사비온이 특수의상을 입고 춤을 추면 그 모션을 다양한 각도로 카메라가 캡처해 이 데이터를 컴퓨터에 저장한 후 컴퓨터그래픽(CG)으로 재생한 것이다. 그렇게 해서 멈블의 눈부신 독무와 펭귄 무리가 연출한 멋진 군무장면이 탄생했다. 영화 화면이 전반적으로 리듬감이 있다는 느낌이 강한데, 아마도 춤이 만들어낸 시각적 이미지에 압도되어서가 아닐까.

그러니 굳이 영화감독의 말을 빌리지 않더라도 사비온 글로버가 없었더라면 이 영화는 만들어질 수도 없었을 것이다. 그런데 서운하게도 그의 이름 앞에는 목소리 더빙을 맡은 스타 배우들의 이름이(엘리야 우드, 로빈 윌리암스, 휴 잭맨, 니콜 키드먼…) 반짝거리고 있다.

그리고 멈블의 춤에 감동하기 이전에 그 동작을 구현해낸 기술에 먼저 감탄하는 관객들. 또 '팝뮤지컬 만화영화'라는 카피에 솔깃해, 역시 노래가 예술이라며 배우들이 부른 팝 명곡들에(퀸의 〈Somebody to Love〉, 스티비 원더의 〈I Wish〉, 프랭크 시나트라의 〈My Way〉…) 흡족해 하는 관객들.

정녕 우리에게 춤은 너무 멀리 있는 것일까. 비록 사비온의 이름은 가려져 있지만, 그의 열정과 헌신 덕분에 〈해피 피트〉는 백퍼센트 빛을 발했으며 탭댄스를 좋아하는 이들에게는 즐거운 선물이었음이 틀림없다.

* * * * * *

사비온은 발로 자신을 표현하는 사람이다. 멈블이 사는 왕국에서는 마음을 울리는 구애의 노래, 이른바 '하트송'을 잘 불러야 하는데, 음치인 멈블은 발로써 하트송을 멋지게 부른다. 진실된 마음으로 추는 멈블의 탭댄스는 강하다. 그것은 사비온의 마음이기도 하다.

"세상에 춤과 춤의 기쁨을 알리는 일은 춤을 추면서 실천할 수 있다"는 사비온의 믿음. 탭댄스의 존재와 그 매력을 전 세계에 알리고 싶어 이 영화에 참여한 그의 존재를 기억해줬으면 좋겠다.

내 자신이 우울하고 불행하다고 느낄 때면 멈블을 떠올리며 한번쯤 발을 굴러 탭댄스를 춰보는 건 어떨까. 긍정적인 에너지가 충전되어 해피해질 것이다.

영화관을 나오는 귀여운 꼬마들이 탭댄스를 흉내 내며 즐거워하는 모습이, 춤이란 그런 것이라고 말하고 있지 않은가!*

*모션캡처 기술을 이용해 사비온 글로버(Savion Glover)의 탭댄스를 애니메이션으로 구현한 영화 〈해피 피트(Happy Feet)〉는 2006년 12월 말에 개봉되었다.

뮤지컬 〈에비타〉와 탱고

나는 만지고 싶다

Love is touch, touch is love.

- John Lenon

집으로 돌아가는 길, 발걸음을 멈추고 쇼윈도 안을 들여다봤어. 귀여운 강아지들이 눈길을 사로잡았거든. 오늘도 모임이 있었어. 술잔이 오가고 온갖 감언이설과 자화자찬, 그렇게 말들은 넘치고 여러 사람이 한데 어울려 있었지만 난 그 누구와도 함께 있지 못했어. 가족이 있고 친구가 있고 동료가 있고… 아는 사람은 수없이 많지만 우리는 그 누구에게도 완전히 이해받지 못하는, 그런 존재일까?

강아지를 한 마리 샀어. 보듬어 보니까 정말 따뜻하더라. 쓰다듬고 싶을 때 마음대로 안아볼 수 있어 이제 행복할 것 같았어. 하지만 그것도 잠시, 결국 외롭기는 마찬가지야.

귀갓길에 강아지를 한 마리 샀다는 K의 편지. 섬은 외롭다. 섬이 외로운 건 숙명. 섬처럼 사는 현대인들, 사람도 섬처럼 외롭다. 모두 다 외로우면서도 외로움이 고스란히 드러나는 그 파괴적인 순간은 두려워하고, 그래서 우리는 항상 바쁘게 산다. 자신이 딛고 서 있는 바닥이 무너져 내리는 순간을 만나고 싶지 않아서 자신을 더 바쁜 삶으로 가멸차게 내몬다. 살아라, 더 바쁘게!

* * * * * *

LG아트센터에서 뮤지컬 〈에비타〉를 봤어. 이상하게 춤을 보러 가면 춤을 못 만나지만 영화를 보러 가거나 뮤지컬을 보러 가면 춤을 만나게 돼. 춤은 그렇게 홀로 있지 않고 다른 것과 함께 있지. 슬픔과 기쁨, 고통과 쾌락 등 인간의 삶이 있는 모든 것에 존재하니까.

한국판 〈에비타〉에는 탱고 장면이 많은 것 같아. 총성이 울리고 반도네온은 울부짖고 붉은 입술의 댄서는 무대를 빙글빙글 돌고…. 아름답더라. 그래, 이게 바로 춤이지.

반도네온 소리는 묘한 당김이 있어. 허공의 담배연기처럼 헤매다가는 정확하게 심장을 파고들지. 그러고는 휙 사라져버려. 마음속에 진공을 새기듯.

댄서의 자태와 숨결, 반도네온의 공기울림이 오묘하게 내 영혼을 만지작거리면 나도 춤을 추고 싶어. 손을 쭉 뻗어 뭉클한 무엇을 만지고 싶다는 충동 말이야. 살아있다는 것을 느끼고 싶은 강렬한 욕구말이지.

* * * * * *

뮤지컬 〈에비타〉를 보았다는 K의 편지. 외로움이든 슬픔이든 기뻠이든 절망이든, 그것을 진심으로 느껴보지 못한 자는 춤을 느끼기 어려운 법이다. 단 한번이라도 그 감정을 깊숙이 건드려본 자만이 춤을 알게 된다.

K의 편지를 읽으면서 문득 독일 작가 귄터 그라스의 작품집 『라스트 댄스』(이수은 옮김, 민음사, 2004)가 떠올랐다. 화보집처럼 큰 판형인 이 책은 '귄터 그라스의 시와 그림'이라는 부제가 있는데, 시와 그림이 춤을 묘사한다. 100쪽 안팎, 간결한 만큼 강렬하다. 그 시와 그림은 '춤에 대해' 말하지 않는다. '춤을' 말할 뿐.

귄터가 그린 그림은 대부분 남녀 2인무다. 점점 더 움직임은 격렬해지고 절정으로 치달을 때까지 멈출 수 없다. 드로잉들은 가장 순수한 쾌락의 순간들, 가장 생생한 몸의 기억들을 보여준다. 데생의 질감이 움직임을 실감나게 한다. 그것들은 모두 움직이고 있다!

이 책에서 가장 인상적인 부분이 바로 〈한밤의 탱고〉다. 신사와 숙녀가 스텝을 밟고 있다. 시인은 하나가 된 두 개의 몸을 노래한다. 시와 그림은 그토록 정열적이고 격렬한 움직임인 탱고를 '정지'시켜 놓았다.

"… 이것이 바로 탱고, 비스듬히 / 격한 떨림에서 고요를 향해 가는 것 / 나는 너의 심장 소리를 듣는다."

권터 그라스는 제2차 세계대전이 끝나갈 무렵 춤에 빠져들었다고 한다. 원스텝, 래그타임, 블루스, 탱고, 왈츠, 폴카…. 그리고 춤은 그에게 평생의 위안과 즐거움이었다니. 시에는 그런 자전적 이야기가 담겨 있다. 또한 전쟁의 기억이 남아 있고, 인생의 참회도…. 노년의 작가가 그 녹록치 않은 삶과 예술을 춤으로 보여주는 듯하다.

* * * * * *

뮤지컬 〈에비타〉만큼이나 유명한 탱고 군무가 나오는 영화가 바즈 루어만 감독의 〈물랑루즈〉다. 유명한 뮤지컬영화 중 하나인 〈물랑루즈〉는 세기말 파리를 배경으로 보헤미안 시인과 카바레 가수의 슬픈 사랑이야기. 이완 맥그리거와 니콜 키드먼이 출연한 이 영화에서, 〈록산느의 탱고〉 곡에 맞춰 스텝이 다양하게 변주되면서 춤이 집단적으로 펼쳐지는 장관을 볼 수 있다. 군무일수록 전체가 정확하게 맞아떨어져야 하는 만큼 쉽지 않은데, 빠른 속도의 전개에 정확한 움직임이 인상적이다.

탱고는 보통 '정열과 관능의 춤'으로 알려져 있다. 끌어안은 남녀의 다리가 서로 엉키기도 하고 — 무엇보다 밀착해서 추기 때문에 관능적으로 보이는 것. 이러한 시각적 효과 때문에 탱고를 추는 장면은 남녀사랑의 은유로 영화에 자주 애용된다. 무엇보다 그 아름다운 선율의 음악은 영상(장면)을 잊지 못하게 한다.

알 파치노가 주연인 영화 〈여인의 향기〉처럼 탱고 장면이 인상적인 영화도 있고, 샐리 포터 감독의 영화 〈탱고 레슨〉은 탱고를 소재로 한다. 또, 카를로스 사우라 감독의 〈탱고〉처럼 탱고 그 자체가 중심인 예술영화도 있고….

발레스타 루돌프 누레예프가 주연을 맡아 화제였던, 켄 러셀 감독의 〈발렌티노〉는 이탈리아 출신의 탱고댄서이자 할리우드에서 영화배우로도 활약했던 (하지만 아쉽게도 요절한) 루돌프 발렌티노의 생애를 다룬다. (누레예프는 미스캐스팅이라는 평가도 있었지만, 그가 탱고 추는 모습을 잠깐 볼 수 있다.)

* * * * * *

탱고는 아르헨티나의 역사 및 문화와 함께 이해해야 하지만, 그 자체로 수많은 예술에 영감을 불어넣은 만큼 매혹적인 춤이다. 20

세기 초 유럽으로 건너온 탱고는 파리를 중심으로 한 사교계의 테마로 선풍적인 인기를 끌었다. 그렇게 다듬어진 탱고는 전 세계로 뻗어나갔고, 사람들은 그 매력에 사로잡혔으며 실제로 미치는 영향력은 생각보다 훨씬 더 크다. 어쩌면 지구상에 단 하나의 춤만이 남는다면 탱고가 되지 않을까.

직접 댄스홀에서 춰보거나 무대에서 춤추는 걸 본 적이 없더라도 그 동작은 누구나 알고 있을 만큼 유명한 탱고. 반도네온 선율에 맞춰 우아하게 혹은 격렬하게 턴하거나 바닥을 쓸듯 쭉 뻗는 라인, 톡톡 끊어지는 스텝도 매력이다. 그리고 탱고에서는 서로 포옹하는 동작이 중요하다. 그 자세가 바르지 않으면 스텝과 라인이 서질 않기 때문이다.

전 세계 대도시를 중심으로 탱고바들이 늘어나고 있다고 한다. 문화학자들은 그 현상을 이렇게 해석한다. "그만큼 혼자 살고 있는 사람이 많다는 것이다. 낮에는 사람들을 만나고 일을 하면서 잠시 잊고 있지만 해가 지고 집에 가면 혼자가 된다. 그 외로움을 견디지 못하고 밤이면 탱고바에 모여드는 것이다. 인간에게 스킨십은 반드시 필요하다. 정신적 안정을 줄 뿐만 아니라 활동을 위한 에너지의 원천이기도 하다."

음, 정말 그래서일까? 문뜩 'tango'라는 단어가 '만지다(touch)'라는 뜻의 라틴어 'tangere'에서 유래했다는 말이 떠오른다.*

*뮤지컬 〈에비타〉는 2006년 11월 17일~2007년 2월 15일 LG아트센터에서 공연되었다.

지젤 비엔느의《쇼룸더미즈》

잔인한 에로티시즘에 홀리다

냉정함과 잔인함, 그에 의한 두려움과 불안은

감각적 쾌락을 위한 전제요건이다.

- 질 들뢰즈

"귀족 청년 제베린 폰 쿠지엠스키의 별장에는 반다 폰 두나에프라는 아름다운 미망인이 머물고 있다. 제베린은 비너스상처럼 차갑고 매혹적인 반다에게 반해 청혼하지만 어떤 구속도 싫은 자유분방한 여성인 반다는 거절한다. 그러자 제베린은 자신의 환상을 실현시켜 달라고 부탁한다. 사랑하고 숭배하는 아름다운 여인의 노예가 되는 것. 모피를 입고 가죽채찍으로 자신을 잔인하고 냉혹하게 때려달라고. 반다는 처음에는 머뭇거리지만 점차 이런 행위에 쾌감을 느끼고…."

소설 『모피를 입은 비너스』(김재혁 옮김, 펭귄클래식코리아, 2009)는 19세기 오스트리아 작가 레오폴트 폰 자허-마조흐의 대표작이다. 이 소설은 남녀 간의 사랑(에로티시즘)에 대해 파격적인 시각을 던져 유명해졌고, 후대에 작가의 이름에서 유래한 마조히즘(Masochism)의 원형이 되는 작품으로 알려져 있다. 마조히즘은 이성으로부터 육체적 정신적 학대를 받음으로써 성적 만족을 느끼는 증후군을 일컫는데, 흔히 성적 대상에게 고통을 줌으로써 쾌감을 얻는 증후군인 사디즘(Sadism)과 짝을 이루는 개념이다.

자허-마조흐에 따르면, 이 소설의 제목에서 '모피'는 권력(힘)을, '비너스'는 여성을 상징한다. 자허-마조흐는 남녀관계에서 평등관계란 있을 수 없고 지배하느냐 지배당하느냐, 둘 중 하나만 있을 뿐이라고 말한다. 마조히즘은 피지배 즉, 지배당함으로써 얻는 쾌락을 추구하는 증상이다.

* * * * * *

소설 〈모피를 입은 비너스〉에서 영감을 받아 만들었다는, 프랑스 아방가르드 안무가 지젤 비엔느의 《쇼룸더미즈》. 제목의 'showroomdummies'는 'showroom'(전시장)과 'dummy'(인체모형)의 복수형이 합쳐진 합성어. 인간의 욕망이 투영된 대상인 인형은 본래 주술이나 제의적 용도에서 만들어졌다. 기술과 재료의 발달로 인간의 외모를 거의 완벽하게 재현해낼 정도가 되면서, 점점 더 예술적 표현에 많이 이용되고, 그 의미와 기능을 확장해가고 있다.

《쇼룸더미즈》에는 인간과 똑같은 모습의 인형들, 아니 인형과 똑같은 인간들이 등장한다. 정확히 말해, 그 둘이 함께 나온다. 살아있는 신체와 죽어있는 신체가 끊임없이 대립하면서 현실과 환상의 경계를 없앤다. 그처럼 모호한 상태가 관객을 불안하게 만든다.

무대 중앙에는 흔히 대기실에서 볼 수 있는 의자들이 놓여 있다. 무대 뒤쪽에는 한 무리의 여성(마네킹 같은 인형)이 의자에 앉아 있거나 서

있거나 엎드려 있거나 고개 숙이고 있는 등 각기 다른 포즈를 취하고 있지만 전혀 움직임이 없다. 어두컴컴하지만 창백한 불빛이 형체를 알아볼 수 있게 한다. 온기가 전혀 느껴지지 않은, 한마디로 으스스한 공간이다. 피타(PITA)의 일렉트로닉 사운드는 공포분위기를 고조시킨다.

남자 둘이 무대를 돌아다니며 관객의 시선을 붙잡고 있다. 그사이 여성들의 움직임이 포착된다. 남자들은 마치 전시장 안에서 가벼운 마네킹들을 이리 옮겼다 저리 옮겼다 하는 사람처럼 움직인다. 인형의 포즈를 이렇게 바꿨다 저렇게 바꿨다 한다. 인형(실은 여성 댄서)의 과장된 분장과 무표정한 얼굴과 굳어있는 몸 그리고 무게감 없는 신체의 기계적 움직임은 도무지 살아있는 생명체라는 생각이 안 든다. 그들의 싸늘한 시선은 섬뜩하다.

그러다 어느 순간 남자들이 조정한 대로 있거나 움직이는 게 아니라 인형들이 스스로 움직인다. 남자들은 계속 되풀이해서 인형의 포즈나 위치를 원래대로 되돌려 놓느라 분주하다. 그러한 움직임이 반복되자 혹시 남자들도 인형이 아닐까 하는 착각이 든다. 인간인가 인형인가 하는 혼동이 공연 내내 지속된다.

《쇼룸더미즈》에서 여자들은 남자들에게 가학적 태도를 보이며 사디스트로 행동하기도 한다. 남자들은 그런 여자들에게 벗어나지 못하고 더 집착을 보인다. 이제는 여자가 남자를 지배한다. 냉엄하고 가혹한 인형의 모습에서 여성의 관능적 매력은 아름답기는커녕 섬뜩하다.

무대에는 인형과 인간의 대립, 여성과 남성의 대립이 얽혀 있고 그것은 시간이 지나면서 여러 변화된 모습을 보인다. 무엇이 무엇을 움직이게 하는가가 고정되어 있지 않다. 그리고 여성의 관능적 매력을 인형이라는 죽어 있는 신체로 표현함으로써 아름다움을 거부하고 남성에게 잔혹한 대상으로 마주한다.

《쇼룸더미즈》의 매력은 무엇보다 살아있는 신체처럼 보이지 않은 움직임이다. 그것은 특히 그로테스크한 외모, 핏기 하나 없는 폭력에 효과적으로 보인다. 사랑이 얼마나 잔인하며 냉정할 수 있는지를, 철저하게 감각적으로 자극하며 각인시켜준다.

* * * * * *

이 작품의 안무자 지젤 비엔느는 1976년, 마리오네트로 유명한 프랑스 북부도시 샤를빌-메지에르에서 태어났다. 철학을 전공한 그는 또한 그곳 국립고등인형극예술학교에서 인형극을 배웠고, 학교에서 만난 에티앙 비도-레이와 함께 1999년 무용단을 만들었다.

《쇼룸더미즈》는 2001년 비도-레이와 함께 작업한 것으로 2009년 개작되었다.

'2010 서울국제공연예술제(SPAF)' 초청으로 처음 한국을 방문한 비엔느. 그는 인형과 에로티시즘이라는 주제를 기존의 관능적 차원을 뛰어 넘어 한층 더 변증법적으로 탐구하고 있는 여성안무가로 평가받고 있다. 즉, 인형을 사랑과 죽음의 대립을 극복하는 육체로 조명한다. 그의 작업은 꽤 흥미로워 보인다.*

*지젤 비엔느(Giséle Vienne)의 《쇼룸더미즈(Showroomdummies)》는 2010년 10월 24~25일 예술의전당 토월극장에서 공연되었다.

국수호와 디딤무용단의《사도》

눈물의 카타르시스

뜨거운 여름 — 하나 둘, 짐을 꾸려서 휴가를 떠난다.
어찌 보면 예술가에게 유랑생활은 본능일지도 모른다.
특히 춤추는 이들에게는 더.

무용이라 하면 으레 무대(=극장)가 있어야 한다고 생각하지만, 언제 어디서나 출 수 있는 게 춤이다. 바닷가, 산 속, 벼랑이나 강가, 그 어디서도 그들은 춤을 춘다. 그래서 그 어떤 예술가보다 무용가의 본성이 자연과 가장 가까운지 모른다. 한여름, 떠나는 그들을 보면 그저 자연의 섭리에 따르고 있는 것 같다는 생각이 든다. 인간도 자연의 한 부분이라면 자연과 어울려 쉬는 것이야말로 가장 인간다운 모습이 아닐는지….

* * * * * *

그렇게 해서 8월은 춤공연이 가장 드문 때다. 2008년 8월은 여느 때보다 더 뜨거운 여름, 이웃나라 중국에서 베이징올림픽이 열렸기 때문이다. 그리고 그 한가운데서 한국의 춤이 펼쳐졌다. 하늘의 춤, '천무'라는 타이틀로, 국수호의 디딤무용단이 2백여 개의 북을 사용해 웅장한 소리의 울림과 몸짓으로 장관을 만든 것이다.

국수호는 우리나라의 대표적 남성 무용가이자 춤의 스펙터클에 탁월한 안무가다. 88서울올림픽이나 2002월드컵, 전국체전 같은 국가적 행사를 이끄는 춤을 안무하고 연출했을 뿐 아니라, 무대미학적으로 성공을 거둔 작품 《명성황후》(1994), 《오셀로》(1996), 《티벳의 하늘》(1998), 《고구려》(2006) 등을 통해 극장예술로서 춤이 얼마나 흥미진진할 수 있는지도 보여주었다.

"우리 춤공연에 관객이 많지 않은 까닭 중 하나는 소위 '스타'가 없어서입니다"라고 말한 바 있던 국수호. 그는 사도세자 이야기를 다룬 《사도》 초연(2007년) 당시 소위 무용계 스타들을 캐스팅해서 화제가 되기도 했다.

주인공 사도세자 역에 이영일(현대무용)과 조재혁(한국무용), 부인인 혜경궁 홍씨 역에 김주원(발레)과 이윤경(현대무용)을 더블 캐스팅하고, 각기 다른 세 장르의 춤전공자들을 잘 조합함으로써 어떻게 80분간 무대를 꽉 채우며 긴장감을 유지해낼 수 있는지를 보여주었다.

* * * * * *

사도세자는 조선시대 비극적 역사의 대표격인 인물이다. 조선왕조의 비극이자 그 시대 정치상황 속에서 권력다툼의 희생양이 된 사도세자. 안무자 국수호는 누구나 다 아는 이 역사적 내용을 서사적으로 묘사하거나 사건을 서술하는 방식을 취하지 않고(오히려 일부러 다 생략해 버린 듯) 인물에 초점을 두었다.

사도세자가 뒤주에 갇혀 비극적 죽음을 맞는 8일간의 이야기가 사도세자, 혜경궁 홍씨, 영조, 정조 등 네 인물의 내면적 심리상태를 중심으로 펼쳐진다.

격정적으로 펼쳐지는 사도세자와 영조의 애증의 춤. 비운의 여인 혜경궁 홍씨와 사도세자의 애달픈 사랑의 춤. 사도세자의 처참한 죽음을 그저 바라볼 수밖에 없었던 혜경궁 홍씨의 섬세하고 비통한 춤. 군주의 절대적 권력을 수호하려는 입장에 도전해오는 반대세력에 부딪쳐 극한 상황에서 아들을 죽여야만 했던 영조의 비정하고 번민에 찬 춤. 죽음을 앞둔 고통스러움과 두려움과 삶에 대한 절망뿐만 아니라 자기 존재의 무거움까지 그 모든 감정을 애써 감추듯 힘있게 절제하는 사도세자의 춤. 아버지의 죽음을 지켜볼 수 없어 이를 막아보려고 할아버지에게 용서를 구하며 매달리고 비정한 세상을 원망하는 정조의 춤….

줄거리도 결말도 빤한 TV 연속극을 진부하다며 투덜대며 그래도 날마다 보는 것은 그 드라마에 나오는 연기자 때문이다. 역을 맡은 탤런트가 어떻게 그 분노를 표현하는지, 그 대사를 어떻게 할 건지 그것을 보고 싶은 마음뿐이다. 어떤 면에서 춤작품도 마찬가지다. 춤추는 사람에 따라 작품은 새로운 생명을 얻기도 한다.

연출적인 면에서 국수호는 각각 다른 개성을 인정받고 있는 이들

스타 무용수들을 통해 인물을 부각시키는 데 기여하고, 또한 더블 캐스팅으로 같은 안무임에도 다른 느낌을 주는 방식을 택했다. 《사도》에서는 특히 영조와 사도세자, 그 수직적 관계가 긴장감을 늦추지 못하게 하는데, 그 힘도 두 남성 무용수들의 대립에서 나온다.

더구나 이 작품에는 인상적인 반전(?)이 있다. 역사에서 사도세자가 갇혀 죽은 뒤주는 무대에서는 수조(무대 전면의 사각 물웅덩이)로 장치화되었다. 그래서 사도세자는 물속에 빠져 허우적거리다 결국 가라앉아 죽게 된다.

그토록 공포에 차 허우적댔던 수면이 잠잠해졌을 때 막이 내릴 법한데, 그때 물속에 빠진 사도세자가 천천히 상반신을 일으켜 세우며 물 위로 모습을 보인다. 객석에서는 근육질의 등만 보이는데, 남성 무용수의 신체미가 극대화되는 부분이며 죽음과 연관된 비장미가 더 가슴 뭉클하게 한다. 그리고 물속에서 나와 나체로 무대 뒤 높은 계단을 하나씩 천천히 걸어 올라간다.

* * * * * *

안무자 국수호는 한국적 신화, 역사, 설화 등을 꾸준히 탐색하고 연구하는 탐구자다. 지금의 우리를 있게 한 그 근본적인 뿌리를 파헤친다. 그것만이 현재 우리가 겪는 이 현실적 불행을 다독여줄 작은 위안이 될 것이라는 듯. 그리고 우리의 불행과 행복이 비단 개인이나 시대에서 비롯된 것이 아니라, 우리의 삶을 받치고 있는 역사와 문화로부터 영향을 받고 있는 것임을 역설한다.

《사도》에서도 그는 사도세자의 죽음에서 보여주듯 죽음이 단순히 육체의 소멸로 끝난다고 생각하지 않는다. 육신은 땅에 묻힐지언정 그래서 움직이지 못한 것일지라도 영혼은 하늘로 훨훨 자유롭게 존재하는 것이라고—, 그는 영혼을 달래는 것이야말로 진정한 예술의 역할이라고 보는 것일지도 모른다.

이런 내러티브와 디테일을 보면 한국무용은 서양무용과 다른 깊이가 있다. 종교와 무관하게 인간의 본성에 대해 더 깊이 숙고하게 하는 한국무용의 위력. 감각으로부터의 울림이 아니라 마음 속 깊은 내면을 건드려 눈물과 울음으로 발산시키고 마침내 카타르시스를 느끼게 하는 것, 그것이 우리의 춤이다.

더위로 인한 지침보다 마음 속 혼돈으로 인한 지침이 더 힘들 때, 가장 필요한 건 감동, 내면의 울음을 터트리게 하는 일일 것이다. 춤은 언제나 그 소명을 잊지 않고 있으니….*

*디딤무용단은 국수호의 《사도(思悼)》를 2008년 8월 22~24일 국립중앙박물관 극장 용에서 공연했다.

국제현대무용제, 모다페(Modafe)

미래로 질주하는 아방가르드 댄스

한계를 실험하는 춤을 만나는 것이 얼마나 특별한 일인지
당신의 심장에게 물어라. 차갑고 뜨거운 물과 불의 무대가 기다린다.
가슴이 두근대는 5월, '모다페'가 있다.

환하게 핀 봄꽃이 지면서 5월이 온다. 그러다 붉은 장미가 넝쿨을 이루며 초여름을 알린다. 기분좋은 봄날 또 하나의 꽃이 피어나니, 바로 '국제현대무용제'다. 봄시즌 춤축제인 만큼 오래 전부터 통용된 '꽃보다 춤'이라는 수식어는 바로 이 무용제를 일컫는 것이었다. 국제현대무용제는 영문이름 'International Modern Dance Festival'에서 따온 'MoDaFe'(모다페)라는 이름으로 더 잘 알려져 있다.

2009년의 슬로건은 'Contemporary … Impression'. 주최 측인 한국현대무용협회는 "이 시대 춤에서만 경험할 수 있는 감흥에 대한 재해석의 시간이다"고 밝히며, "약속이나 한 것처럼 자연스럽게 주고받는 습관과 몸짓- 공유된 습관은 유사한 몸짓을 낳았고 몸짓은 정신의 복제로 이어졌다. 우리에겐 움직임의 혁신을 이끄는 자극이 필요하다. 보다 적극적이고 구조화된 혁명의 움직임을 경험할 차례다"라고 소개했다. 때론 말이 더 어려운 법!

기대작은 나세르 마르탱 구세(프랑스), 호세 나바스(캐나다), 크리스 하링(오스트리아) 등.

* * * * * *

프랑스 춤계에서 독특한 위치를 차지하고 있는 안무가 나세르 마르탱 구세. 그의 스타일이 작품 《코미디》에서 드러난다. 춤과 음악, 연기가 잘 버무려져 있는 이 쇼는, 1960년대 미국 코미디에서 영감을 받아 만든 것으로 희극적인 분위기가 지배적이다.

신사숙녀들이 왁자지껄하게 웃고 대화하는 파티가 벌어지고 있는 한 저택, 그 우아한 거실을 배경으로 즐겁고 유쾌한 사교모임의 단면을 보여준다. 화려한 외형 속에 담겨 있는 인간의 쓸쓸한 심리….

여기에는 유머와 (성적) 매력, 락 음악과 팝 음악, 로맨티시즘과 스릴러가 대담하게 혼합되어 있을 뿐만 아니라 도취한 듯한 춤추기와 인상파의 분위기, 영화적 문법이 뒤섞여 있어 지루할 틈이 없다. 하지만 명랑하고 장난기 가득한 재즈음악에 맞춰 춤이 펼쳐지는 가운데 해학과 부조리, 우울함이 전해진다.

실제 눈앞에서 일어나는 일은 기분 좋은 오락인데 어딘지 모르게 마음 한 구석이 저려오는 — 제목 그대로 한 편의 코미디다. 이 세상의 모든 코미디는 가장 슬픈 것을 웅변하는 법이기도 하니까.

＊＊＊＊＊＊

베네수엘라 출신의 호세 나바스는 1991년부터 캐나다 퀘벡을 주무대로 삼고 있다. 여러 현대무용 페스티벌을 통해 독창적인 안무스타일을 주목받아 세계 투어를 활발하게 하고 있는 안무가. 1988년 뉴욕의 머스 커닝햄 스튜디오에서 수학한 그는 유수 안무가들의 무용단에서 활동하면서 실력을 쌓았다.

그는 안무뿐만 아니라 영화 및 연극 작업에도 참여했다. 나바스가 안무한 2인무를 바탕으로 한 필리프 베이로크의 단편영화 〈로델라〉(1995)는 토론토영화페스티벌에서 '영화를 위한 안무상'을 그에게 안겨주었다.

나바스는 댄서들에게 특히 엄격하다고 한다. 그의 '명쾌한' 춤을 위해서 강한 정신력은 기본일 테니, 어쩌면 당연할지도…. 발레트레이닝은 기본이고 여러 테크닉을 자유자재로 구사하고 조율할 수 있는 댄서들을 선호하는 것은 그의 안무관과도 관계가 있다. 나바스는 말한다.

"내 아이디어를 구현하는 것은 댄서들입니다. 그들은 구현방법을 스스로 찾을 수 있어야 하지요. 그러기 위해서는 무엇보다 정석을 알고 있어야 합니다. 그래야만 그것을 전복시킬 수 있으니까요. 현장은 매번 다릅니다. 그것을 재빨리 파악하고 즉흥적으로 판단할 수 있는 능력이 중요한데, 그것은 바로 기본에서 나오기 때문이지요."

작품 《아나토미스》에서도 댄서들은 느림과 빠름을 반복하지만 정확하고 깔끔하다. 이 작품은 '빈 공간에서 움직이는 사람들에 관한 것'이라는 나바스의 설명처럼, 컨셉보다는 댄서들의 기질, 즉 몸과 움직임이 있을 뿐이다. "일단 구조가 만들어지면 작품은 댄서들의 손에 달려 있어요. 벌거벗겨진 투명한 인간과 그 정신을 볼 수 있을 것입니다."

나바스는 몸에 대한 근본적인 욕구를 잊지 않는다. 그래서인지 추상적인 현대무용에 갖는 관객의 두려운 마음을 안무자는 헤아린다. 왠지 나만 모르고 있는 듯한 소외감– 현대무용 안무가인 자신조차도 때로 그런 마음이 들 때가 있노라고…. 컨템포러리댄스는 생각보다 어렵지 않다. 이전에 경험해보지 못한 새로움, 낯선 감정을 불러일으키는 그것이 바로 컨템포러리댄스이니까.

* * * * * *

또 하나의 기대작은 2003년 모다페에서 비디오아트와 라이브음악과 춤의 완벽한 결합 《비비섹터》로 신선한 충격을 주었던 크리스 하링의 작품이다.

하링은 빈에서 살면서 오스트리아와 독일의 무용학교에서 컨템포러리댄스를 가르치며 안무작업을 하고 있다. 그는 춤그룹뿐만 아니라 멀티미디어 예술가 등과 함께 여러 프로젝트를 수행하고 있는데, 각종 현대무용 페스티벌에서 수상하며 '새로운 춤'을 주도하는 인물로 꼽힌다.

SF영화에서 영감을 받아 만든 《낯선 몸》이라는 작품은 인간의 몸을 인공두뇌의 풍경으로 묘사하는데, 이처럼 그는 몸에 대한 새로운 인식의 차원을 제시하는 작업을 펼치고 있다.

공연작 《포징 프로젝트 B - 유혹의 예술》은 '몸과 에로스'를 주제로 열렸던 2007년 베니스비엔날레에서 황금사자상을 수상한 작품이다. 소리, 텍스트, 조명, 의상, 무대장치, 구성의 다이내믹한 리듬을 절묘하게 조합하고, 아이러니를 이용해 에로티시즘에 대한 공공의 견해를 작품 속에 반영하고 변형시켜 참신하다는 평가를 받았다.

이 작품은 '포즈(pose)'에 주목한다. 포즈란 움직임을 멈춘 후 잠시 동안 몸이 미세하게 떨리고 있는 상태다. 하링은 포즈를 문화적 측면에서 해석한다. 그래서 커뮤니케이션의 문화적 패턴에 대한 프로젝트로 만들어 보는데, 이때 포즈는 의사소통이나 사회활동에서 복잡한 의미들을 전달하는 태도를 표현한다.

각각 다른 무대들은 너와 내가 갖는 욕망에 대한 유혹을 부각시켜주며, 커뮤니케이션의 기본으로 여겨온 '사랑'이 어떻게 미세하게 변하는지 드러낸다. 그런데 이 '유혹의 게임'은 에로스(→사랑의 신)의 화살과 같은 제3자의 간섭 없이는 작동하지 않는다는…. 현대인의 일상에서 여러 몸들에 대한 공공의 취향을 반영하고 있으니, 한마디로 춤의 미래에 대해 신선한 비전을 제시한 작품이라고 할 수 있다.

* * * * * *

국내의 대표적인 댄스페스티벌 중 하나인 '국제현대무용제'는 1980년 한국현대무용협회의 창립과 함께 '한국현대무용향연'라는 이름으로 출발했다. 이후 '한일현대무용제'를 거쳐 1988년 '국제현대무용제'로 명칭이 바뀌면서 국제적 행사로 자리를 잡았다. 특히 2002년부터 세계적인 무용축제를 지향해 '모다페'라는 이름을 사용하는데, 그때부터 세계 '현대무용의 현재'를 확실하고 보여주고 있다.

모다페는 지난 몇 년간 세계무대의 컨템포러리댄스를 직수입하고 있다는 느낌이 들 정도로 진보적인 성향을 보여주었다. 프랑스 포스트모더니즘에서 비롯된 일단의 현상, 가령 신체의 존재론, 몸을 통한 시공간의 새로운 인식과 해석, 탈구조와 해체, 개념예술…. 마치 무언가를 규정하지 말라는 경고처럼, 여기저기 산만하게 관념들이 흩어져 있다. 기존의 개념과 구조를 부수는 일에 열광하는 건, 역시 미래를 향하고 있는 젊은 신세대들이다.

'HyperCoolCacophony'(2003), 'Contemporary of the Contemporary'(2004), '몰락하는 문명, 탈출하는 육체!'(2005), '몸을 통해 상상하는 미래의 문명'(2006), 'Dance VistaBody, Philosophy, Movement, Live'(2007) 등, 항상 아방가르드한 슬로건들을 내걸고 스스로 미래 예술의 격전장이 되고자 하는 모다페.

춤, 미술, 멀티미디어, 음악, 연극 등 장르가 해체되고 그것이 또 다시 새로운 형태로 합쳐진다. 혼합예술 혹은 다원예술이라는 미래의 공연예술을 그리면서 춤의 비전을 제시하는 — 모다페의 사명이, 아니 그 꿈이 어디로 어떻게 우리를 끌고 갈지 모른다. 그냥 몸을 맡기는 수밖에!*

*'28회 모다페'는 2009년 5월 26일~6월 4일 아르코예술극장과 대학로예술극장 등에서 펼쳐졌다. 나세르 마르탱 구세(Nasser Martin-Gousset)의 《코미디(Comedy)》는 5월 26~27일 아르코예술극장 대극장에서, 호세 나바스(José Navas)의 《아나토미스(Anatomies)》는 5월 29일 아르코예술극장 대극장에서, 크리스 하링(Chris Haring)의 《포징 프로젝트 B-유혹의 예술(Posing Project B-The Art of Seduction)》은 5월 30~31일 대학로예술극장 대극장에서 공연되었다.

서울세계무용축제, 시댄스(SIDance)

뭐?
춤을 싫어한다고?!

정확히는 생각이 안 난다, 그게 언제였는지. 아마도…
'싫다'는 가치판단(?)을 하기 시작했을 때부터가 아닐까.
그때부터 나는 '투덜이'가 되었다. 매사에 '싫은 것'이 분명했다.
마음에 들지 않은 이유가 앞서는 바람에 사사건건 불평쟁이가 되었다.
하지만 그것은 아무에게도 해가 안 되는 아주 사소한 일상사였을 뿐.

공연이 끝나면 아무리 친한 사람이라도 으레 “공연 어땠어?”라고 의견을 물어온다. 그럴 때면 약간 망설이고 주저하며 선뜻 감상평을 내놓지 못하곤 한다. 어느 날부터 나는 그동안 밥 먹듯이 해댔던 그 ‘부정어’를 함부로 남발할 수 없는 처지에 놓였다. ‘조명이 좀 어두웠다’, ‘음향이 고르지 못했다’, ‘세트가 산만했다’ 등 딴청을 피우는데, 그마저 더 큰 오해를 불러일으켰다. ‘춤 자체를 아예 싫어하는 무용잡지 기자’라는 오명이 붙었다. 그런 식의 비난에 냉소적인 태도를 보이는 바람에 더 맹렬한 항의를 받기도….

9~11월은 공연계가 가장 활기 넘치는 시즌이다. 서울국제공연예술제, 서울세계무용축제, 서울무용제, 세계국립극장페스티벌 같은 대규모 축제뿐만 아니라 크고 작은 단체와 개인 공연들까지 겹쳐 그야말로 쉴 새 없을 정도로 바쁘다. 그토록 열성으로 공연들을 찾아다니는데, “뭐? 내가 춤을 싫어한다고?!”

* * * * * *

‘시댄스(SIDance)’로 불리는 ‘서울세계무용축제’(Seoul International Dance Festival), 2008년 축제에서는 특히 두 작품이 눈에 띈다. 비극과 희극이라는 점에서….

먼저 그리스 로에스댄스시어터의 《엘렉트라, 가해자》. 안무가 소피아 스피라투가 1989년 창단한 로에스댄스시어터는 문화와 예술과 철학의 도시 그리스의 전통에 중점을 두고 춤과 연극과 음악을 통합하는 공연을 발전시키고 있다. 그래서 항상 뮤지션과 댄서와 디자이너들의 협력작업으로 고대 희비극을 새롭게 무대화하는 작업을 해왔다.

작품 《엘렉트라, 가해자》 역시 에우리피데스의 비극을 바탕으로 하고 있다. 그리스의 비극적인 인물 중 한 명인 엘렉트라는 트로이 원정을 승리로 이끈 그리스 왕 아가멤논과 왕비 클리템네스트라의 딸이다. 아가멤논은 전쟁에서 이기고 고향에 돌아왔으나 왕비 클리템네스트라와 그녀의 정부 아이기스토스의 손에 살해된다. 엘렉트라는 남동생 오레스테스와 힘을 합쳐 그들을 살해함으로써 아버지의 복수를 한다. (이처럼 딸의 아버지에 대한 집념과 어머니에 대한 증오는 훗날 '엘렉트라콤플렉스'라는 말을 낳게 했다.)

에우리피데스의 비극에서는 오레스테스가 아이기스토스를, 엘렉트라가 어머니를 유인하여 직접 살해한다. 스피라투의 작품 《엘렉트라, 가해자》는 이 점에 주목, 남동생을 충동하는 데 그치지 않고 어머니의 목에 직접 칼을 찔러 넣는 가해자로서의 엘렉트라를 부각시켰다.

7명의 배우와 5명의 댄서가 섞여 오레스테스, 클리템네스트라, 엘렉트라 사이에서 발전하는 권력과 애증의 복잡한 관계에 빠져들게 한다. 스피라투는 현대무용과 내러티브 요소를 접목시키고, 코러스와 독백, 비디오 영상을 활용했다. 그리고 마이클 나이먼의 긴박감 넘치는 현대음악이 어우러져 이 비극적인 이야기를 들려준다.

이 공연은 고대 신화의 본질을 있는 그대로 취해, 새하얀 무대장치에서 펼쳐진다. 그럼으로써 이 무대는 특정 시간이나 장소를 드러내지 않고 인류 보편적인 시공간을 암시하고 있다. 지금 이 시대에서 〈엘렉트라〉 같은 그리스 비극의 핵심은 그 내용이 아니라 '비극성'을 드러내는 것이다.

사실 요즘에는 인간 내면으로부터 솟는 비극성을 느끼기가 쉽지 않다. 외부에서 오는(?) 비극이 너무도 커서 본연적으로 타고나는 인간 공통의 근본적인 비극성, 그 가슴 저림을 잘 느끼지 못하게 된다. 그리스 비극은 바로 그 점에 닿아 있다는 생각이 든다. 외부의 조건, 충격으로부터가 아니라 자신의 깊은 내면으로부터 요동치는 전율. 춤과 대사와 음악이 어우러져 그 비극성이 현대인에게 전달된다.

* * * * * *

또 하나의 기대작인, 에곤 마젠과 에릭 고띠에의 듀엣《돈 큐》역시 드라마가 있는 춤이다. 독일 슈투트가르트발레단 상임안무가인 크리스티안 슈푹이 발레단의 스타 에곤 마젠과 에릭 고띠에에게 헌정한 이 작품은, 세르반테스의 소설 〈돈키호테〉에서 영감을 받아 제작한 댄스 풍자극이다.

에곤 마젠과 에릭 고띠에는 둘 다 슈투트가르트발레단 솔로이스트로 활약했던 스타들이다. 예순이 훌쩍 넘은 마젠이 1960년대 입단해 인기를 얻었다면, 그보다 서른다섯 살이나 적은 고띠에는 이른바 신세대 스타였다. 이러한 연령차이는 이 작품을 완벽하고 더 매력적으로 만든다.

둘 다 지금은 발레단을 그만두었는데, 마젠은 이탈리아 집에 머물며 주로 올리브를 가꾼다고 한다. 고띠에는 자신의 무용단과 록밴드 '로열티즈'를 만들어 춤뿐만 아니라 작사, 작곡, 기타연주, 리드보컬 등을 맡는 등 다양한 활동을 하고 있다.

고매한 이상주의자 돈키호테와 우직하고 욕심꾸러기 산초 판자가 대조적인 짝을 이루어 가는 곳마다 현실세계와 충돌하며 비통한 실패와 패배를 맛본다는 〈돈키호테〉 이야기처럼, 《돈 큐》에서는 늙어가는 남자와 풋내기 청년이 등장해 과거 모험 속으로 탈출하려는 부질없는 현실도피를 그리고 있다.

욕망과 쓰라린 실망, 꿈과 현실, 지루한 일상으로부터의 도피 같은 감정들이 그 작은 공간에 펼쳐진다. 여기에는 슈베르트부터 제임스 브라운까지 여러 장르의 음악들이 거들며 기쁨과 슬픔을 넘나들게 한다.

돈키호테의 '희극성'은 우울하고 슬픈 감정을 함께 불러냄으로써 얻게 되는 묘한 쾌락이다. 이 작품의 코믹한 즐거움이 어떤 참담한 현실의 발판을 딛고 있는지 되새겨볼 수 있을 것이다.

* * * * * *

시댄스는 비교적 고른 프로그램 수준으로 늘 기다려지는 춤축제 중 하나다. 10주년이 되던 2007년 처음으로 '춤추는 도시' 프로그램을 선보였다. 일종의 '춤의 대중친화운동'. 극장이라는 한정된 무대에서 벗어나 길거리, 갤러리 등 일상 생활공간에서 젊은 무용가들이 개성있는 춤을 춘다. 열린 공간에서 신선한 춤이라…. 공연장을 찾지 않은 이들, 폐쇄된 공간이 싫은 이들에게 반응이 좋은가 보다.

편집실로 온 전화 한 통. "해질 무렵 한강공원에 산책 나갔는데 거기서 춤추고 있더군요. 저녁노을빛을 조명삼아 춤추는 게, 검은 실루엣이 만들어놓은 미술작품 같았어요. 그냥 지나쳐버리는 사람이 한 명도 없더군요."

예고 없이 길거리에서 우연하게 마주친 어떤 춤에 마음의 움직임을 느낀다면 그것이 정말 '춤의 힘'일 것이다.

문뜩 춤이라는 세계에 처음 발을 들여놓았을 때가 생각난다. 남다른 꿈이 있었던 것도 뜻이 있었던 것도 아니었는데…. 길을 가다 나도 몰래 빠져버린 샛길에서 만난 것처럼 낯선 세계. 이제 막 태어난 아기처럼 눈앞에 펼쳐진 새로운 세계의 언어를 배우고 적응하기 시작했다. 호기심이 많은 탓인지 신세계가 신기했지만, 때론 혼란스럽고 힘에 겨워 당황할 때도 있었다. 그때 도움을 받았던 것이 바로 '모다페'나 '시댄스' 같은 무용제였다.

내가 춤축제(무용제)에 바라는 점이 있다면, '춤다운 춤'을 만나는 것이다. 그 말은, '춤이란 무엇인가'를 가장 많이 생각하게 해줘야 한다는 것, 그랬으면 좋겠다는 뜻이다.*

*'11회 시댄스'는 2008년 10월 10일부터 30일까지 예술의전당 토월극장과 자유소극장, 호암아트홀 등에서 펼쳐졌다. 에곤 마젠(Egon Madsen) & 에릭 고티에(Eric Gauthier)의 《돈 큐(Don Q)》는 10월 13일 호암아트홀에서 공연되었고, 로에스댄스시어터(ROES Dance Theater Company)의 《엘렉트라, 가해자(Electra Perpetrator)》는 10월 30일 토월극장에서 공연되었다.